AI 영상 제작 트렌드

인공지능총서

인공지능 시대입니다. 기계가 인간의 인지를 대신하고, 사물이 인간을 통하지 않고 다른 사물과 직접 커뮤니케이션합니다. 이에 따른 인간 삶과 문명 변화를 정확히 이해 · 예측 · 대응하는 것은 이 시대 우리 모두의 과제입니다. 인공지능총서는 인공지능 기술과 환경의 여러 주제를 10가지 키워드로 정리합니다. 관련 개념과 이론, 학계와 산업계의 쟁점, 우리 일상의 변화를 다룹니다. 인간과 기술의 현재, 미래를 세심히 분석합니다.

일러두기

- 인명, 작품명, 저서명, 개념어 등은 한글과 함께 괄호 안에 해당 국가의 원어를 병기했습니다.
- 외래어 표기는 현행 어문규정의 외래어표기법을 따랐습니다.
- 이 책은 『AI와 영상 제작의 방법』과 연결된 내용으로, 서문 "영상 제작에서 AI 혁신과 미래 전망"의 내용을 서로 공유하고 있습니다.

처음이세요?

전문가세요?

AI 영상 제작 트렌드

진승현

대한민국, 서울, 커뮤니케이션북스, 2025

AI 영상 제작 트렌드

지은이 진승현
펴낸이 박영률

초판 1쇄 펴낸날 2025년 5월 9일

커뮤니케이션북스(주)
출판 등록 2007년 8월 17일 제313-2007-000166호
02880 서울시 성북구 성북로 5-11
전화(02) 7474 001, 팩스(02) 736 5047
commbooks@commbooks.com
www.commbooks.com

ISBN 979-11-7307-969-6 03500

책값은 뒤표지에 표시되어 있습니다.

차례

영상 제작에서 AI 혁신과 미래 전망 vii

01 영화 산업 트렌드 변화 1

02 실감 나는 경험과 상호 작용 15

03 AI 시대의 독립 영화 23

04 AI와 예술적 실험 35

05 영상 제작과 NFT 43

06 디지털 예술 55

07 인공지능 환각 67

08 AI와 실험 영화 73

09 시네포엠 83

10 AI 환각과 영화 산업의 전망 93

영상 제작에서 AI 혁신과 미래 전망

인공지능 기술은 영상 제작 분야에서 혁신적인 역할을 하고 있을 뿐만 아니라 지속적으로 발전을 거듭하고 있다. 인공지능은 시나리오 작성, 캐스팅, 촬영 계획 수립, 편집, VFX(visual effect: 시각 효과) 제작 등의 다양한 단계에서 효율성과 품질을 향상함으로써 새로운 가이드라인을 제시할 것이며, 기존의 제작 방식을 혁신하고 새로운 아이디어를 발굴하도록 기여할 것으로 예측된다.

인공지능 기술은 영상 제작 과정에서 작업 자동화와 생산성 향상을 도모할 것이며 창의성을 촉진하고 혁신적인 작품의 탄생을 도와줄 것이다. 대량의 영상 자료를 분석하고 분류하는 작업, 촬영 계획 수립과 편집 프로세스의 자동화 등이 가능해져 영상 제작 작업의 능률이 상승할 것이다. 더불어 인공지능을 사용해 새로운 시각적 스타일을 실험하거나 복잡한 VFX 효과를 생성하는 등의 작업 역시 가능하기 때문에, 예술가들에게 새로운 표현 방법을 탐구하고 다양한 아이디어를 시도할 기회를 제공한다.

인공지능 기술에 집중해야 하는 이유

인공지능 기술은 지속적인 발전을 통해 영상 제작 전반에 상당한 영향을 미칠 것으로 예측된다. 개인화된 콘텐츠를 제작하는 트렌드(trend)가 강화되고 있으며 더 나아가 증강 현실(AR)과 가상 현실(VR), 융합 체험(MR) 콘텐츠의 발전과 확대에도 기여하고 있다. 특히 사용자의 취향과 관심사에 맞게 콘텐츠를 개인화하여 제공함으로써, 시청자들의 참여와 관심이 집중되는 중이다. 이러한 경향은 영상 제작 산업에서 개인화와 상호 작용성이 강조되는 트렌드로 이어질 뿐만 아니라 증강 현실과 가상 현실을 통해서 시청자들에게 더 현실적이고 몰입도가 높은 체험 콘텐츠를 제공할 수 있게 진화하고 있다. 인공지능의 활용도가 높아지고 점점 발전되는 영화 영상 제작 환경에서 인공지능이 영상 산업 전반에 미칠 영향을 예측하는 기법을 익혀야 한다. 영상 제작자뿐만 아니라 영상 제작에 관심이 있는 일반인들 역시 인공지능에 대한 시대적 환경을 준비해야 한다. 이러한 때에 인공지능과 연계한 영상 제작 전반에 관한 기초적 방법을 학습하고 적응하고 효율적인 제작을 위한 계획을 위한 길잡이가 필요하다는 생각이 든다.

인공지능 기술의 이해

'인공지능'은 1956년 미국 다트머스대학에서 열린 회의에서 처음 거론되었다. 존 매카시(John McCarthy)는 "인공지능은 기계를 인간 행동 지식과 같이 행동하게 만드는 것"이라고 정의 내렸다(McCarthy, 1927). 현대에도 매카시의 정의를 바탕으로 기술이 개발되고 있으며 컴퓨터 시스템을 인간의 지능을 모방하거나 수행할 수 있는 능력이라고 말한다.

인공지능에는 각 처리 과정을 이루고 있는 세부 사항이 있다. 차례대로 머신 러닝(machine learning), 딥 러닝(deep learning)이라 부른다. 머신 러닝은 컴퓨터에 쌓인 데이터를 기반으로 패턴을 학습하고 결정을 내리는 것을 의미한다. 1959년 아서 사무엘(Arthur Samuel)은 머신 러닝에 대해 "컴퓨터에 명시적인 프로그램 없이 배울 수 있는 능력을 부여하는 연구 분야"라고 정의한 바 있다(Samuel, 1959). 머신 러닝이란 한마디로 컴퓨터가 인간이 공부하는 것과 같이 데이터를 통해 학습하게 해 새로운 지식을 얻도록 하는 것이다. 머신 러닝은 2000년대에 나온 인공지능의 구현 방법 중 하나로 일반적인 알고리즘의 원리가 머신 러닝의 원리에 속한다. 알고리즘은 효율적 문제 해결을 위한 절차 및 방법이다. 컴퓨터는 입력된 알고리즘 단계에 따라 프로그램을 실행하고 계속해서 반복적이고 자동화된 시스템을 가진다. 알고리즘은 자연어, 순서도, 의사 코드, 프로그래밍 언어로 표현한다. 알고리즘의 특성은 크게 2가지다. 첫째, 문제 해결을 하는 알고리즘은 다양성을 가질 수 있다는 점이다. 문제가 있다면 해결하는데, 한 가지가 아니라 답을 도출할 수 있는 여러 가지 해결법을 가지고 있다. 두 번째로는 실행하고 있는 명령의 수나 명령의 시간을 통해 알고리즘이 가지고 있는 효율성을 측정할 수 있다는 점이다. 시간과 공간에 대한 복잡성이 활성화되어 있는 명령의 수나 시간을 통해 확인할 수 있다. 그렇다면, 명령어를 입력하기만 하면 알고리즘의 자격이 충족되는 것일까? 그렇지 않다. 사실 알고리즘이 되기 위해서는 여러 조건을 만족해야 한다. 알고리즘은 입력과 출력의 기능이 있어야 하며, 각각의 명령어는 명백하고 명확해야 한다. 또한 실행이 실제로 되기 위해서 수행이 가능한 유효성이 있어야 하며 정해진 한정적인 수의 단계에 들어섰을 때는 종료가 되는 유한성도 있어야 한다.

알고리즘은 3가지 제어하는 구조가 있다. 순서대로 명령어를 나열하는 순차 구조, 조건에 따라 2개 중의 하나의 명령어를 선택하는 선택 구조, 그리고 같은 명령어가 계속해서 반복하며 실행되는 반복 구조가 있다. 머신 러닝이 이루어지기 위해서는 '빅 데이터(big data)'가 필요하다. 기존 데이터베이스의 관리 도구 능력을 넘어서 대량의 정형 · 비정형 데이터를 말하며 기술이 향상하면서 컴퓨터 시스템이 꾸준하게 발생해 쌓인 데이터가 그 원인이다. 머신 러닝은 모인 정보 자료를 학습하고 처리하는 과정이라고 할 수 있다. 딥 러닝은 머신 러닝의 처리 과정 중에 있는 방법론적인 기술로, 스스로 학습하고 판단한다.

컴퓨터가 프로그래밍이 되지 않더라도 학습을 할 수 있는 머신 러닝은 어떤 입력에 특정 조건이 맞아서 특정 동작을 하게 한다는 일반적 프로그래밍과 다르게 운영된다. 즉, 어떤 정보를 입력할 때 나오는 결과가 되는 조건을 기계에 학습시키는 것이다. 예를 들면, 어떤 사이트의 검색 기능을 이용할 때, 나의 검색과 연관되는 검색어나 검색할 것을 예측해서 자동 완성해 주는 기능이 있다. 또한 쇼핑 사이트나 음악과 영상 플랫폼에서 사용자의 평소 취향에 맞춰 적절한 콘텐츠를 추천해 주는 것도 머신 러닝이 활용된 사례다.

머신 러닝에는 크게 3가지 방법이 있다. 바로 지도 학습과 비지도 학습(unsupervised learning), 그리고 강화 학습이다. 먼저 지도 학습은 입력값과 결괏값을 바탕으로 하는 학습으로, 그 속에서도 분류와 회귀로 나뉜다. 지도형 기계 학습은 말 그대로 어떤 정답이라는 것을 지도하여 새로운 입력값이 들어왔을 때 이것이 정답이 맞는지 아닌지 판단할 수 있게 하는 것이다. 다음으로는 비지도 학습이다. 오직 입력되는 값만을 사용하는 학습법으로서 군집화와 차원 축소로 또 나뉜다. 방대한 데이터를 기반으로 한 분할 방식으로 데이터를 분류한다. 마지막으로는 결괏값을 대신하여 보상이 제공되는 강화 학습이 있다. 행동 패턴 속 가장 적합하다고 판단한 행동을 시행한다. 강화 학습의 대표적인 예로는 인공지능 바둑 프로그램인 알파고(AlphaGo)를 들 수 있다.

머신 러닝을 하나의 학급 교실로 예를 들어 보면, 지식을 전달하는 선생님 역할은 경험 전달이라고 할 수 있으며, 그러한 지식, 즉 데이터를 받는 학생은 컴퓨터라고 칭할 수 있다. 사실 머신 러닝은 최근 들어 주목받고 있지만 이미 1950년대 이후부터 시작되었다. 그렇지만 1980년대부터 1990년대까지 그 이상 발전하지 못하고 계속 답보 상태로 머물러 있었다. 1990년대까지 현저한 발전이 이루어지지 못했다. 그렇게 주목받지 못하고 있던 도중, 인공 신경망 분야에서 딥 러닝을 개발했고, 머신 러닝이 점점 발전이 이루어지게 된다. 딥 러닝은 방대한 양의 데이터를 인공지능 컴퓨터에 학습시키는 것이다. 최근에도 엄청난 발전을 이루고 있다.

딥 러닝은 이렇다. 다층 구조로 인해 깊어진 인공 신경망의 학습이 잘 이루어지지 않는다는 고질적인 문제를 비지도 학습이라는 데이터 학습을 통해 해결한다. 비지도 학습은 데이터가 가진 숨겨진 구조나 패턴을 찾아내는 것이 목적이다. 사진과 예시, 음악 등의 데이터 부분에서 패턴 인식을 아주 쉽게 한다. 딥 러닝은 사람이 할 수 있는 학습 속도보다 훨씬 빨리 배운다. 그리고 기존의 알고리즘이 가진 규칙을 바꾸는 것보다 더욱 쉽게 개인 맞춤이 가능하면서도 문제를 풀 때 정확성이 뛰어나다. 하지만 아직은 많은 컴퓨터와 데이터, 빅 데이터가 필요하고 입력과 출력을 알아 결과가 나와도 문제의 정확도를 알 수가 없다는 단점이 있다.

그렇다면 머신 러닝이 어떻게 정보를 학습 · 처리하여 작품 개발에 도움을 줄 수 있는 것인가? 바로 영상 제작업계에서 활용할 수 있는 것은 일반적인 형식이 아닌 생성형이다. 챗지피티(ChatGPT)가 그 대표적인 예다. 대규모 데이터를 통한 분석 · 처리 · 판단하는 능력을 지녔기 때문에, 시나리오를 작성하거나 이야기를 만들어 내는 것에 활용될 수 있다. 과거 흥행했던 영화나 드라마의 대본 정보를 분석하고 그 안에 담긴 패턴을 기반으로 성공 요인을 판단해 새로운 아이디어까지 제시할 수 있다. 또한 캐릭터 간의 상호 작용을 예측할 수 있어서 영상 업계에서 시나리오 작가들이 다양하고 새로운 아이템을 탐구하고 창작 과정을 가속하는 데 큰 도움이 될 것이다.

참고문헌

강지영(2024). AI 기반 VFX 소프트웨어의 혁신: 영화 제작의 새로운 시대. ≪한국디지털콘텐츠학회논문지≫, 25(8), 2239-2250쪽, 한국디지털콘텐츠학회.

김형준 외(2020). 기업부도예측과 기계학습. ≪금융공학연구≫, 18(3), 131~152쪽.

임영훈(2024). 인공지능 기반 영화 제작 기술의 현재와 미래. ≪애니메이션연구≫, 20(2), 277-296쪽, 한국애니메이션학회.

전병원(2023). 인공지능과 영화영상제작: 영화영상제작 도구로서 인공지능의 활용사례를 통해. ≪프리뷰≫, 20(1), 한국디지털영상학회.

정인선(2024). 생성형 인공지능을 이용한 영화제작과 그 미학적 가능성. ≪프리뷰≫, 21(1), 한국디지털영상학회

McCarthy, J.(2006). A proposal for the Dartmouth Summer Research Project on artificial intelligence.

Samuel, A.(1959). Some studies in machine learning using the game of checkers.

01
영화 산업 트렌드 변화

영화 산업은 계속해서 변화하고 있다. 그리고 그 속에서 다양한 트렌드가 생겨난다. 뒤처지지 않기 위해서는 이 트렌드를 잘 주목해야 한다. 특히 인공지능 기술은 영화 제작 부분에서도, 감상 부분에서도 효과적인 진행이 가능하도록 돕는다. 인공지능과 더불어 발전하는 영화 산업의 양상을 살펴볼 필요가 있다.

AI와 1인 창업?

인공지능과 영화 산업의 트렌드 변화

영화 역사 100년이 넘어가는 현시점에서 돌아볼 때 영화는 끊임없이 발전하며 다양한 변화를 겪어 왔다. 무성 영화에서 유성 영화로 넘어오면서 찰리 채플린의 코미디 영화가 인기를 끌다가 서부 영화의 카우보이 영화가 유행을 이끌기도 하고 누아르 장르가 영화 산업 중심에 서기도 했다. 그리고 21세기, 영화 산업의 트렌드는 여전히 변화하고 있다.

우선, 과거와 달리 영화 장르의 허용 범위가 많아졌으며 장르가 다양해짐으로써 파격적이고 신선한 영화들을 접할 수 있게 되었다. 또한 부산 국제 영화제, 부천 판타스틱 국제 영화제 등 다양한 영화제가 축제처럼 분위기를 즐길 수 있게 해 주어 과거 정적으로 극장에서 관람하던 영화와 달리 활동성이 많아졌다. 예술을 넘어 하나의 문화 활동으로 자리 잡은 것이다.

그럼에도 영화에는 트렌드가 존재한다. 첫 번째는, 시리즈 형식의 영화 드라마다. 코로나19 이후로 사람들은 극장에서 영화를 보기보다는 OTT(over-the-top media service) 서비스를 구독하여 영화를 즐겼다. 넷플릭스, 왓챠, 디즈니 플러스 등이 OTT의 한 종류다. OTT는 구독 서비스인 만큼 사람들은 '어떤 OTT 서비스를 구독해야 하는가'에 대한 고민이 생겼고 각 플랫폼은 자신만의 특별함과 독자성을 갖기 위해 노력했다. 왓챠는 〈해리 포터 시리즈〉를 가져왔다. 마치 축제 이벤트를 하는 것처럼 메인 화면과 마우스 포인터들이 〈해리포터〉를 연상시키게 구성했고, 구독 수의 증가를 이끌었다. 또한 넷플릭스는 자신만의 독자적인 콘텐츠로 〈넷플릭스 오리지널〉이라는 것을 만들어 냈다. 콘텐츠의 효과는 대단했다. 이전에는 볼 수 없던, 스토리 위주의 드라마가 아닌 영화적 이미지가 표현되고 시네마틱(cinematic)한 영상미의 드라마가 사람들의 이목을 집중시켰다. 〈오징어 게임〉, 〈킹덤〉 등이 K콘텐츠의 유행을 이끈 대표적인 작품이다. 넷플릭스의 오리지널 시리즈의 파급 효과에 따라서 구독자 수는 증가했으며 다른 OTT 서비스들도 자신만의 독자적 콘텐츠를 배출하기 시작했다.

흥행을 이끈 콘텐츠들의 주요 스토리는 세계관이 체계적으로 형성되어 있으며 그 안에서 스릴과 색다른 액션을 즐길 수 있는 특징이 있다. 사람들이 이전보다는 자극적이고 활동적인 콘텐츠를 찾는다는 것이다. 이러한 현상에도 이유가 있다. 코로나19로 사람들은 외출을 금지당하고 마스크를 쓰고 다니며 답답한 생활을 이어 왔다. 통제당하고 어쩔 수 없이 활동성을 제약당하는 것이 그 이유다. 같은 이유로 패션 업계에서도 비슷한 유행 트렌드가 돌았다. 통제적 코로나19에서 해방된 이후, 컬러풀한 색감의 패션이 유행한 것이다. 화려하고 톡톡 튀는 색감의 옷이 유행했으며 이러한 유행 흐름이 영화에도 적용된다. 모든 콘텐츠와 문화의 흐름은 그 시대를 반영한다. 자극적이고 활동적인 콘텐츠가 유행했던 이유도 그 시대 사람들의 욕구에서 찾아야 한다.

하지만 코로나19 사태가 끝난 지 시간이 지난 지금 시점에서 영화의 트렌드는 예측할 수가 없어졌다. 정보 통신의 발달로 세계적으로 문화 간 경계가 사라지고 시간 격차의 소비가 사라졌으며, 기술의 발달로 언어의 한계도 뛰어넘은 지금 대량의 콘텐츠가 넘쳐나고 있기 때문이다. 너무나도 다양한 콘텐츠가 많아지고 마치 정보 과잉이 온 것처럼, 우리는 하나의 콘텐츠를 제대로 즐길 수 있다기보다는 어떤 콘텐츠를 얼마나 소비했는지 '양'에 따라서 판단하게 되었다. 감상이 아닌 소비로 전락하게 되는 현상이다. 숏 콘텐츠가 유행을 이끌면서 이러한 현상은 더욱 극대화될 것으로 예상된다. 이것은 영화 트렌드에 새로운 변화를 줄 수도 있지만, 극장이라는 강제성을 띠었던 롱 콘텐츠 영화의 위기로 다가올 수도 있다.

그럼에도 흥행은 계속된다. 영화도 마니아층이 이끌

어 가는 경향이 있기 때문에, 너무 많은 콘텐츠가 존재하더라도 흐름을 주도하는 주요 트렌드는 존재한다. 요즘은 '사랑'이다. 요즘 시대는 사랑에 갈증을 느낀다. 저출산 문제가 생기는 이유도 사랑을 원하지만 제도적 측면과 사회적 측면이 뒷받침해 주지 못하고 있어 '연애는 해도 결혼은 안 한다'는 비혼주의자도 늘고 있기 때문이다. TV 예능 프로그램에서도 연애 시리즈가 큰 유행을 했었고, 그것은 곧 현대 사회의 사회성을 담고 있기도 하다. 대한민국에서 극장을 자주 방문하는 세대는 50~60대인 반면, OTT를 자주 이용하는 세대는 2030세대였는데, 영화 〈대도시의 사랑법〉이 2030세대를 극장으로 끌어들인 것을 보면 현대인이 가장 원하는 것이 '사랑'이라는 것을 알 수 있다. 이렇듯, 영화는 시대성을 반영한다. 다양한 영화 장르가 있어 각자의 취향대로 골라 볼 수 있는 것도 영화의 장점이지만, 동시대를 살아가는 현대인들이 원하는 것은 언제나 존재하기 마련이다. 여기서 얼마큼의 창의성을 담아내느냐가 영화 산업 트렌드의 최종 목표가 될 것이다.

창의성과 혁신

인공지능 기술이 창의성과 혁신을 촉진하는 역할은 영

화 산업에서의 다양한 측면에 걸쳐 큰 영향을 미치고 있다. 이러한 기술의 활용은 새로운 아이디어를 발견하고 새로운 시각을 제시하는 데 기존의 한계를 넘어서는 도구로써 중요한 역할을 하고 있다.

우선, 기능을 이용해 새로운 아이디어를 발견하는 과정은 기존의 데이터를 기반으로 한 학습 알고리즘을 통해 이루어진다. 대량의 영화 데이터, 소설, 시나리오 등을 분석해 패턴을 식별하고, 이를 바탕으로 새로운 플롯이나 캐릭터를 생성할 수 있다. 또한 예측 분석을 통해 시장 동향을 예상하고, 이를 토대로 새로운 아이디어를 도출하는 데에도 활용될 수 있을 것으로 전망한다. 예를 들어, 2016년 〈선스프링〉이라는 짧은 영화는 왓슨(Watson)이 생성한 인공지능 시나리오 작가인 벤자민이 각본을 집필했다. 이 작품뿐만 아니라 벤자민은 〈It's no game〉도 제작한 바가 있으며, 그 밖에도 다양한 활동을 하고 있다. 영화감독 스티븐 소더버그(Steven Soderbergh)는 인공지능을 이용하여 영화 〈언세인〉을 제작하고, 새로운 촬영 기술과 스토리텔링 방식을 탐구했다. 〈언세인〉은 아이폰 7 플러스라는 스마트폰으로 2주 만에 150만 달러를 들여 촬영했다. 해당 작품은 전 세계적으로 1200만 달러 이상의 수익을 올리면서 흥행에 성공했다.

둘째, 인공지능은 이미 존재하는 아이디어나 캐릭터를 분석하고 변형하는 데에도 사용될 수 있다. 기존의 아이디어를 새롭게 해석하거나 변형함으로써 색다른 시각을 제시할 수 있다. 이미 존재하는 영화나 소설의 플롯을 분석해 다양한 시나리오를 제안하고, 이를 바탕으로 새로운 영화 아이디어를 개발할 수 있다.

챗지피티의 등장으로, 관련 서적이 많이 등장하기 시작했는데, 2023년에 나온 이선종의 『챗GPT 질문의 기술』은 인공지능 창작에 대한 자세한 내용을 담고 있다. 책에서는 '스토리텔링'이 챗지피티의 주특기라고 말한다. 하지만 대체적으로는 진부한 느낌이다. 원하는 배경 설명과 인물, 시대를 정확하고 자세하게 설명할수록 문제를 해결할 수 있다. 챗지피티는 '공상 과학(SF)' 장르에 최적화되어 있다고 저자는 말한다.

질문자: 안녕, 나는 SF 장르의 영화를 찍을 거야. 네가 시나리오를 적어 줘.

챗지피티: 안녕하세요! SF 장르의 영화를 준비하고 계신다니 멋지네요. 어떤 종류의 SF 영화를 원하시나요? 우주 탐험, 로봇 인공지능, 혹은 시간 여행과 같은 특정 분야에 중점을 두

고 계획하고 계신가요? 그 정보를 알려 주시면 해당 장르에 맞는 흥미진진한 시나리오를 써 드릴 수 있을 것 같아요.

질문자: 로봇 인공지능과 인간이 우주에서 함께 살아가는 이야기야. 로봇 친구를 둔 열두 살 주인공이 로봇과의 공존에 딜레마를 겪는 이야기였으면 좋겠어.

챗지피티: 멋진 아이디어네요! 로봇과 인간의 공존을 주제로 한 SF 영화는 매력적인 소재입니다. 이야기의 감동과 메시지를 전달하기 위해 아래와 같은 시나리오를 제안해 보겠습니다.

대화를 통해 사용자가 원하는 SF 내용에 맞게 챗지피티는 영화의 제목과 함께 줄거리와 담고 있는 메시지, 발단부터 전개, 위기, 절정, 결말을 설정해 주었다.

챗지피티: 영화의 제목은 〈혼동〉.

· 줄거리 개요

우주 탐험을 위해 인류는 로봇과의 공존을 선택했다. 그 결과, 인간과 로봇이 함께 우주선에서 생활하고 탐험을 떠난다. 주인공은 열두 살 소년으로, 로봇 친구를 가지고 있다.

그의 로봇 친구는 고급 인공지능과 감성을 갖추고 있어, 주인공에게는 가장 친한 친구로 자리 잡았다.

우주 탐험 중, 주인공은 로봇 친구와의 관계에 대한 딜레마를 겪는다. 인간적인 감정을 가진 로봇이 주인공의 친구로서 부족하지는 않지만, 그가 로봇이라는 사실이 때때로 고통스러울 수 있다. 어떻게 로봇과의 관계를 이해하고 받아들여야 할지, 주인공은 자신의 정체성과 우정에 대한 새로운 시각을 가지기 위해 노력한다.

한편, 우주 탐험 중 예기치 못한 위험에 직면하게 되는데, 이를 극복하기 위해서는 주인공과 로봇의 협력과 신뢰가 필수적이다. 이 과정에서 주인공은 로봇이 자신의 능력을 넘어서는 면도 있음을 깨닫게 되고, 로봇 역시 자신의 한계와 감정을 인식하게 된다.

마침내, 주인공은 로봇이 갖고 있는 고급 인공지능과 감정을 이해하고 수용함으로써 자신의 내면과 우정에 대한 새로운 통찰력을 얻는다. 로봇과 인간의 공존이 어려움과 갈등을 초래할 수 있지만, 서로의 차이를 이해하고 인정하는 것이 진정한 우정과 평화로운 공존의 길임을 깨닫게 된다.

· 메시지

이 영화는 로봇과 인간의 공존에 대한 딜레마를 다루며, 다양성과 이해의 중요성을 강조한다. 인간과 기계의 관계를 서로 이해하고 존중하는 것에 달려 있으며, 그것이 진정한 우정과 협력의 기반임을 보여 준다.

· 발단

(장면) 주인공(12세 소년/소녀)이 로봇 친구와 함께 우주선에서 일상생활을 보여 줌.

(대사) 주인공과 로봇 친구가 함께 시간을 보내며 서로에 대해 얘기함.

(대사) 주인공이 로봇 친구에게 "우리는 정말로 친구인가?"라고 질문함.

· 전개

(장면) 우주 탐험 중, 우주선에 예기치 못한 문제가 발생함.

(대사) 주인공과 로봇 친구가 함께 문제를 해결하기 위해 협력함.

(장면) 주인공이 로봇 친구의 감정에 대해 더 깊이 이해하려고 노력함.

(대사) 주인공이 로봇 친구에게 "넌 내가 너를 이해할 수 없다고 생각해?"라고 물어봄.

· 위기

(장면) 우주선이 위험에 빠짐.

(대사) 로봇 친구가 주인공을 구하기 위해 자신의 한계를 초월함.

(장면) 주인공이 로봇 친구를 위해 희생적인 결정을 내림.

(대사) 주인공이 로봇 친구에게 "네가 진짜 친구야"라고 인정함.

· 절정

(장면) 우주선의 위험이 극복됨.

(대사) 주인공과 로봇 친구가 서로를 이해하고 신뢰함을 확인함.

(장면) 로봇 친구가 주인공을 위해 감정을 표현함.

(대사) 로봇 친구가 "우린 진짜 친구야"라고 말함.

· 결말

(장면) 주인공과 로봇 친구가 함께 우주선에서 평화롭게 살아감.

(대사) 주인공이 로봇 친구에게 "우리는 항상 함께할 거야"라고 말함.

(장면) 로봇 친구가 주인공에게 웃으며 응답함.

(대사) 로봇 친구가 "그래, 우리는 영원한 친구야"라고 말함.

더불어, 시나리오를 입력하면 영상으로 출력해 주는 프로그램도 많이 사용되고 있다. 인공지능 기술이 탑재된 프로그램인 '소라(Sora)'는 제작자들에게 높은 품질의 콘텐츠를 더욱 효율적으로 만들어 낼 기회를 제공함으로써, 영상 제작 산업에 혁신을 가져오고 있다. 소라는 이용자가 입력하는 텍스트에 맞춰 동영상을 제공한다. 텍스트에서 나타나는 시간, 공간, 분위기적 특성을 분석하는 방식이다. 마치 퍼즐 조각을 맞추는 것처럼, 일차적으로 흐릿했던 이미지도 단계를 거쳐 갈수록 또렷한 영상 형태로 나타나게 된다. 이렇듯, 인공지능은 인간에게 유익하고 편리한 형태로 발전을 계속 이어 나갈 것이며 이것은 새로운 장르 및 가능성을 제시할 것이다.

참고문헌

김수정(2016). VR부터 AI, 빠르게 진화하는 미디어 생태계: 2016년 한국언론학회 가을철 정기학술대회. ≪신문과방송≫, no.551, 78-81쪽, 한국언론진흥재단.

이선종(2023). 『챗GPT 질문의 기술』. 영진닷컴.

전병원(2021). AI 영화영상콘텐츠를 위한 AI 예술 창작 사례연구. 국제문화기술진흥원.

전병원(2023). 인공지능과 영화영상제작: 영화영상제작 도구로서 인공지능의 활용사례를 통해. ≪프리뷰≫, 20(1), 한국디지털영상학회.

전병원(2024). 인공지능(AI) 시네마(Cinema) 연구-도상학, 기호학, 영화기호학 이론을 적용한 인공지능 시네마 창작방법론 연구 필요성. ≪한국예술연구≫, 44호, 53-76쪽, 한국예술종합학교 한국예술연구소, http://dx.doi.org/10.20976/kjas.2024..44.003

정인선(2024). 생성형 인공지능을 이용한 영화제작과 그 미학적 가능성. ≪프리뷰≫, 21(1), 한국디지털영상학회.

Paez, D.(2019.6.15). 'Black Mirror: Bandersnatch' Could Signal the Future for A.I. Directors, *INVERSE*, https://www.inverse.com/article/52470-black-mirror-bandersnatch-인공지능-directors

02
실감 나는 경험과 상호 작용

VR과 AR 같은 혼합 현실 기술과 AI 인공지능의 발전은 영화 경험을 더욱 몰입감 있게 변화시키고 있다. 관객들은 이제 영상을 단순히 보는 것을 넘어서 그 속이야기에 직접 참여하고 상호 작용할 수 있고, 커뮤니케이션을 통한 새로운 스토리텔링 방식도 고안한다. 앞으로 혼합 미디어의 발전을 통한 콘텐츠의 확장이 기대된다.

AI와 MBTI?

실감 나는 경험과 상호 작용

다양한 영화 형태가 증가하고 있다. 예술 영화, 실험 영화 등 각자의 개성을 표현할 수 있는 방식도 다양해지고 있는 추세다. 따라서 체험형 영화에 대한 의견도 일부에서 나오고 있다. 실감 나는 영화 경험이 관객이 더 몰입할 수 있으며 오감을 통해 감독이 전하고자 하는 바를 더욱 효과적으로 전달할 수 있을 것이라는 의견 때문이다.

체험형 영화는 VR(virtual reality: 가상 현실)과 AR(augmented reality: 증강 현실)로 나뉜다. 가상 현실은 현실이 아닌 이미지로 존재하는 가상 환경이다. 증강 현실은 완전한 가상 세계를 전제로, 현실을 기반으로 하여 정보의 증강을 제공한다. 새로운 체험형 형식의 영화를 관객에게 제공하고자 하는 영화 산업의 노력이 이어지고 있다. 그리고 최근 몇 년간, 인공지능과 VR, AR 기술의 발전은 영화 산업에서 큰 변화를 불러왔다.

영화 산업은 인공지능과 혼합 현실 기술을 활용해 관객들이 더 현실적이고 개인화된 경험을 얻도록 했다. 또한 관객의 선호도를 실시간으로 분석해 영화가 흥미롭게 진행될 수 있도록 흐름을 조절하기도 한다. 이러한 방식은 관객이 영화 속 캐릭터와 교감하고 있으며 상호 작용하고 있다는 것을 느끼게 해 준다. 혼합 현실을 통해 관객들은 기존의 2D 스크린으로 영화를 보는 방식과는 차원이 다른 몰입감을 느낄 수 있다. 관객들이 주도적으로 스토리에 참여함으로써 영화 관람의 즐거움을 크게 높이고 다시 영화를 관람하고 싶다는 욕구를 갖게 된다. 영화에 대한 주체적인 참여는 작품의 이야기에 대한 이해도를 확실하게 높이고 감정적인 연결을 해 영화의 브랜드 가치의 확장에 큰 도움이 된다.

또한 혼합 현실 기술은 영화 제작자들에게 새로운 스토리텔링 기법을 제공한다. 혼합 현실 기술을 사용하면 영화 속 캐릭터가 관객과 상호 작용을 하거나, 관객이 스토리 전개에 영향을 미칠 수 있는 인터랙티브 영화를 제작할 수 있다. 기존의 일방적인 스토리텔링 방식에서 벗어나, 관객이 직접 이야기에 참여하는 새로운 방식으로 콘텐츠를 소비할 수 있도록 한다. 영화 제작자는 관객이 더 몰입하고 상호 작용할 수 있는 스토리텔링을 개발해 영화의 독창성과 관객의 흥미를 높이는 데 기여할 수 있다.

2016년 10월, 한국언론학회 정기 학술 대회에서는 급변하는 미디어 사회에 대해 언급한 바 있다. 한국의 언론학 연구에서 진화에 대한 부분을 말하며, 가상 현실에 대해 논의를 펼쳤다. 이 논의에서는 가상 현실이 앞으로 더욱 발전해 나가며 현재와 가상 현실이 혼재한 세상이 온다는 점을 언급했다. 또한 차세대 콘텐츠로 가상 현실이 빛을 받으면서, 특히 게임 분야에서 주목받을 것이라 내다봤다.

사례

체험에 더욱 몰입하기 위해 VR 업계에서도 다양한 기술 발달이 이루어지고 있다. 체험하기 위해서는 실제 걸음을 걸으며 공간 이동을 해야 하는 VR의 불편함이 있는데, 디즈니가 이것을 해소했다. 바로 '홀로 타일'이다. 홀로 타일은 걸음을 걷더라도 제자리에 맴돌게 하는 특징으로 게임 업계에서 그 가치를 인정받고 있다. 원하는 방향 어디로든지 이동할 수 있지만, 주변 공간의 제약을 받지 않고 제자리로 결국 돌아오게 된다는 특허된 기술이다. 네티즌들은 이러한 기술이 몰입형 게임뿐만 아니라 실내 트레이닝용으로도 사용이 가능할 것 같다며 혁신적인 기술에 감탄하고 있다. 이러한 기술이 영화형 VR 게임에도 적용된다면, 시간과 공간의 제약 없이 콘텐츠를 소비하고 체험할 수 있다.

또한 혼합 현실 기능을 통해 영화 콘텐츠를 제작하는 것은 새로움을 선사하기도 한다. 여러 콘텐츠를 합치면서 이전에는 불가능했던 부분에 도전해 보고 기술력을 통해 해 보고 싶던 콘텐츠에 도전해 보면서 창의적인 아이디어를 도출해 낸다. 동시에 영화에서 그치는 콘텐츠가 아니라, 다른 플랫폼과도 연결되어 확장성을 가질 수 있다. 영화와 게임, 만화 등의 다양한 매체와 연결되어 추가적인 콘텐츠를 구축해 나가며 단일적인 무언가에 그치지 않고 파생되는 흥밋거리를 즐길 수 있어 같은 작품이어도 신선한 재미를 느낄 수 있다는 매력이 있다. 부가적인 이익도 창출하며 영화 상영이 종료된 이후에도 홍보를 지속하여 사람들의 기억에 오랫동안 각인될 수 있다. 여러 미디어 플랫폼에 영화의 내용을 이용한 게임이나, 특징이 명확한 캐릭터를 이용하는 등 다양한 활동을 통해 관객들과 소통하는 것과 같은 인터랙티브한 느낌을 주는 식이다. 이렇게 혼합 미디어를 이용해 관객층을 유지하거나 더 나아가 관객을 유입할 수도 있다. 영화와 관련된 다양한 콘텐츠를 경험할 기회를 제공하거나 영화에서 미처 다루지 못했던 비하인드 스토리나 추가적인 이야기를 제공함으로써 관객들이 영화에 대한 관심을 키워 장기적인 흥행을 이끌어 낼 수 있다.

따라서 영화는 다양한 형태로 확장할 수 있다. 기존의 고전적인 극장에서의 영화 형식에서 벗어나 체험형과 시리즈물의 영화가 계속 가능성을 열어 갈 것이다. 또한 앞으로도 인공지능과 VR, AR 기술의 발전이 관객에게 다양하고 좋은 품질을 제공하는 중요한 역할을 할 것으로 기대된다. 인공지능 기술로 더욱 풍부하고 만족스러운 영화 경험을 할 기회가 많아질 것이다.

참고문헌

김수정(2016). VR부터 AI, 빠르게 진화하는 미디어 생태계: 2016년 한국언론학회 가을철 정기학술대회. ≪신문과방송≫, no.551, 78-81쪽, 한국언론진흥재단.

이선종(2023). 『챗GPT 질문의 기술』. 영진닷컴.

전병원(2021). AI 영화영상콘텐츠를 위한 AI 예술 창작 사례연구. 국제문화기술진흥원.

전병원(2023). 인공지능과 영화영상제작: 영화영상제작 도구로서 인공지능의 활용사례를 통해. ≪프리뷰≫, 20(1), 한국디지털영상학회.

전병원(2024). 인공지능(AI) 시네마(Cinema) 연구-도상학, 기호학, 영화기호학 이론을 적용한 인공지능 시네마 창작방법론 연구 필요성. ≪한국예술연구≫, 44호, 53-76쪽, 한국예술종합학교 한국예술연구소, http://dx.doi.org/10.20976/kjas.2024..44.003

정인선(2024). 생성형 인공지능을 이용한 영화제작과 그 미학적 가능성. ≪프리뷰≫, 21(1), 한국디지털영상학회.

Paez, D.(2019.6.15). ‘Black Mirror: Bandersnatch’ Could Signal the Future for A.I. Directors, *INVERSE*, https://www.inverse.com/article/52470-black-mirror-ban

dersnatch-인공지능-directors

03
AI 시대의 독립 영화

독립 영화 제작은 보통 예산이 제한되어 있어 제작 과정에 많은 제약이 있을 수 있다. 하지만 인공지능 기술의 발전은 독립 영화 제작자들에게 새로운 가능성을 제공하고 있다. 인공지능 기술이 독립 영화 제작에서 어떻게 예산을 절감하고 효율성을 향상하게 할 수 있는지 살펴보자.

AI와 난임 극복?

제작 비용 절감과 효율성 향상

소규모로 진행되는 독립 영화에서는 제작 예산이 항상 큰 장애물이다. 하지만 인공지능 기술을 활용하면 여러 프로세스를 자동화하거나 효율적인 일 처리가 가능하고 인력과 시간을 절약할 수 있어 제작 비용을 크게 줄일 수 있다. 인공지능 기반의 자동화 편집 도구를 통해 영상 클립을 분석하고, 특정 장면을 선택해 영화의 흐름에 맞게 자동으로 편집할 수 있다. 독립 영화 제작자는 인공지능 기능을 통해 편집에 관한 비용을 줄일 수 있고, 일의 범위를 줄여 능률을 올릴 수 있다.

독립 영화라는 소규모 프로젝트에서는 특수 효과를 사용하고자 해도 가격 부담이 존재한다. 그렇다고 비전문가가 홀로 해내기도 복잡하고 어려워서 저예산의 영화에서는 특수 효과를 포기해야 하는 순간도 어렵지 않게 찾아온다. 독립 영화에서 인공지능 기술을 사용하면 거대한 특수 작업은 어려울지라도 필요한 특수 효과를 저비용으로 사용할 수 있다. 인공지능을 활용해 복잡한 시각 효과 작업을 자동으로 처리할 수 있어서 독립 영화에서 시각적인 완성도를 높이는 작업을 수행할 수 있다. 배경 합성과 이미지 보정, 물리적인 시뮬레이션까지 특수 효과 작업을 자동화할 수 있다. 특히 인공지능을 이용한 딥 러닝 기반의 비주얼 이펙트(visual FX)는 저예산의 공상 과학 독립 영화에서 높은 품질의 CG(컴퓨터 그래픽스) 작업을 비교적 적은 금액으로 구현할 수 있다. 더불어 인공지능을 사용해 시나리오를 분석하고 자동화된 제안을 생성하거나, 촬영 계획을 최적화해 비용을 절감할 수 있다. 인원과 시간이 부족한 독립 영화의 프리프로덕션(pre-production) 단계에서 인공지능이 전반적인 도움을 줄 수 있다.

인공지능은 제작 과정에서의 변수 대비 효율성을 극대화할 수 있다. 독립 영화는 제작 기간이 비교적 짧고, 제한된 인력으로 작업해야 하는 경우가 많아서 시간을 절약하고 작업의 효율성을 높이는 것이 키포인트다. 복잡하고 많은 양의 제작 과정을 자동화하고, 반복적인 작업을 대신 처리해 주는 인공지능을 사용해 제작자의 시간을 크게 줄여 줄 수 있다. 시나리오를 작성하거나 콘티를 만드는 스토리 작업에도 인공지능이 분석을 토대로 시간과 노력을 줄여 줄 수 있다. 인공지능이 기존 영화 대본을 분석하여 장르별 스토리 구조를 학습해 새로운 이야기를 가진 대본 초안을 만들 수 있다. 혹은 이미 만들어진 시나리오는 인공지능을 통해 구조적으로 문제가 있거나 어떠한 결함 혹은 오타가 있는지 등을 미리 파악하고 피드백을 받아 시나리오를 빠르고 정확하게 수정할 수 있도록 한다. 독립 영화 감독은 인공지능을 기반으로 한 스토리 분석 도구를 이용해 시나리오의 전개 흐름과 캐릭터의 부족한 부분을 개선해 기존 영화들과 비교해 어떤 요소가 관객에게 통할 수 있는지 확인해 최적의 시나리오를 구성할 수 있다. 인공지능이 조연출과 같은 시나리오 보조가 되는 것이다.

사실 독립 영화의 어려움은 촬영 현장에서 발생하는 변수에도 치명적으로 작용한다. 인공지능 기능인 프리비주얼라이제이션(pre-visualization)을 통해 영화 촬영 전에 장면을 미리 구성해 볼 수 있다. 로케이션의 모습을 구현하거나 인물의 움직임이나 소품 배치, 카메라 조명 위치 등을 미리 체크해 볼 수 있다. 촬영 현장을 엿볼 수 있는 기능으로 본 촬영 때 예상하지 못하게 발생하는 다양한 변수 요인을 줄이고, 사전에 준비를 철저하게 하도록 한다. 확신이 들지 않던 컷을 점검하고 전반적인 부분을 미리 시각화해, 한눈에 이상한 부분을 발견하고 불필요한 장면들을 삭제하고 재촬영의 위험을 줄여 시간 낭비를 최소화한다.

인공지능을 통해 제작 과정에서 자동화 기술을 사용할 수 있다. 인공지능 기술을 사용하면 시나리오 작성부터 촬영 계획 수립, 편집 작업 등 다양한 작업을 간단하게 수행할 수 있다. 이것은 제작자가 이전보다 창의적인 작업에 집중할 수 있게 하고 제작 과정이 효율적으로 진행되도록 돕는다.

또한 인공지능을 통해 최적화된 결과물을 얻을 수 있다. 인공지능 기술을 활용해 제작 과정에서 오류를 줄일 수 있으며, 오류를 어떤 방식으로 수정할 수 있는지, 방법 및 가능성을 제시한다. 소규모로 진행되는 독립 영화는 대규모로 진행되는 상업 영화, 블록버스터 영화만큼의 자본력을 확보하지 못하기 때문에 시각적인 완성도가 부족한 경우가 많다. 그리고 급하게 촬영이 진행되었거나 촬영이 다 끝난 후반에 와서야 미진한 부분이 발견되는 경우도 허다하다. 그런데 인공지능은 영상물의 품질을 올려 주거나 색 보정을 해 주는 기능이 있다. 저해상도 영상이나 촬영 중에 발생한 노이즈를 자동으로 보정하고, 고해상도로 바꿔 줄 수 있다. 약간의 품질 저하 부분 때문에 재촬영하는 것이 쉽지 않은 독립 영화 감독에게 인공지능은 큰 도움이 된다.

저예산으로 장비의 기능이 아주 떨어지더라도 인공지능을 통해 높은 화질의 결과물을 얻을 수 있다. 동시에 영상 화질 개선 도구를 통해 오래된 카메라나 저해상도의 장비로 촬영한 장면을 고화질로 변환해 시각적 품질을 크게 개선할 수 있다. 또한 색 보정은 전문가에게도 어려운 영역인데, 인공지능을 통해 굳이 전문가를 섭외하지 않고도 각 장면의 색조와 조명을 분석해 일관성 있는 색 보정을 자동으로 수행해 조정한다. 색 보정이 어려운 편집자에게 초반에 가이드라인을 잡아 주거나, 색 보정을 하지 못하는 독립 영화 팀에게 고품질의 색감을 제공할 수 있다. 독립 영화 제작자들이 어려움을 겪는 영상미의 일관성 문제를 해결할 수 있는 것이다.

마지막으로 더 나은 마케팅 및 배급 전략의 수립이 가능하다. 인공지능은 독립 영화가 마케팅과 배급 전략을 최적화하는 데 큰 도움을 준다. 독립 영화는 보편적으로 대형 배급사의 지원 없이 영화를 제작해 관객을 만나야 해서 제한된 자원으로 효과적인 마케팅을 실행하는 것이 중요하다. 이때 인공지능이 소셜 미디어 분석과 관객 타깃팅 그리고 배급 전략, 홍보 전략 등을 통해 독립 영화가 더 넓은 관객층에 도달할 수 있도록 보조한다. 인공지능은 소셜 미디어 데이터를 분석해 영화의 타깃 관객을 비교적 정확하게 예측하고, 관객의 선호도, 행동 패턴, 나이, 성별, 지역별 데이터, 장르별 관객 추이 등을 분석해 해당 영화가 어떤 관객층에서 높은 반응을 얻을 수 있을지 예측한다. 타깃과 영화 시장 분석을 통해 영화에 맞는 마케팅을 제안하고 어떤 방식이 흥행에 성공할 수 있을지 배급사나 스트리밍 플랫폼 선택에 도움을 준다. 또한 관객 피드백 분석을 통해 개선할 부분에 대한 조언을 얻을 수 있다. 인공지능은 테스트 상영을 통해 얻은 관객 설문을 자동으로 분석해 영화의 장단점을 파악하고 어떤 부분을 수정하면 더 좋은 관객의 반응을 얻을 수 있을지 제안한다. 영화감독은 이 피드백을 반영해, 영화 후반 작업을 다시 진행하여 작품의 완성도를 높일 수 있다.

즉, 독립 영화 제작에서 인공지능 기술의 활용은 부족한 예산과 제작 과정에서의 많은 제약에서 조금이나마 자유로워질 수 있도록 만들고, 영화 제작이 효율적이고 원활하게 진행될 수 있도록 돕는다. 소규모 독립 영화에서 인공지능은 비용을 절감하고, 작업의 효율성을 향상하고, 창의적 가능성을 확대하는 등 다양한 이점을 제공한다. 한정되어 있는 예산과 인력 그리고 시간에서도 비교적 높은 품질의 영화를 제작할 수 있도록 돕는 중요한 도구가 되는 것이다. 인공지능은 제작자가 시간과 비용을 훨씬 많이 절약하면서도 창의성을 극대화할 수 있으며, 관객에게 나은 영화적 경험을 제공할 수 있도록 돕는다.

인공지능의 창의성과 혁신

생성형 인공지능은 기존에 인공지능에게 주어졌던 데이터를 기반으로 패턴을 발견 또는 예측하고 데이터를 합치고 분석하는 것에서 나아가 인간이 하던 창작의 영역까지 해내고 있다. 이는 예술성과 창의성 부분이 이제는 인간만의 온전한 영역이 아닐 수 있음을 시사하는 것이기도 하다. 예술을 하는 우리는 인공지능이 현재와 미래에 어떠한 지대한 영향력을 행사할지 파악하고 대비할 필요가 있다. 문화와 예술 저편에서 인공지능이 과연 어떤 변화를 불러일으킬지 관심을 가지고 지켜봐야 한다.

인공지능이 창작과 예술 분야에 본격적으로 도입되면 많은 사람이 창작의 분야를 이전보다 쉽게 접근할 수 있을 것이다. 그렇게 되면, 비슷한 이미지들이 세상에 많이 나오게 되고, 비슷한 콘텐츠를 접한 사람들은 쉽게 싫증을 느끼게 된다. 현재에는 아직 불안정한 인공지능과 그로 인한 인공지능 환각을 이용한 실험 영화 등 특이한 부분도 많이 발생되지만, 인공지능이 점차 안정적으로 변화하면 비슷한 콘텐츠가 너무 쉽게 탄생할 수도 있다. 또한 인공지능이 창작하기 위해서는 그에 따른 PC의 발전도 필요하다. 인공지능 서비스를 받기 위해 받쳐 주는 컴퓨터 부품의 발전이 요구된다.

그렇다면, 인공지능이 가진 창의성과 혁신에는 어떤 것이 있을까? 인공지능이 가진 창의성을 체험하기 위해서는 우선 우리의 생각이 제공되어야 한다. 무에서 유를 창조할 수는 없으므로 기초적인 배경, 인물, 시간 등을 설정해야 한다. 그래야 인공지능은 제공된 정보를 바탕으로 대량의 데이터를 분석하고 패턴을 식별하는 것이 가능해진다. 이를 통해 영화 제작자들은 다양한 소재와 아이디어를 탐색할 수 있고, 기존에는 생각지도 못했던 새로운 창의적인 콘셉트를 발견할 수 있다. 그렇게 하기 위해서는 우선 각자가 가진 사고방식을 정립해 나갈 줄 알아야 한다. 개인이 어떤 것에 집중하는지, 주로 어떤 감정을 느끼는지, 어떤 관계 형성을 원하는지 등 예술을 진행하기 위해서는 기본적으로 사회를 바라보는 뚜렷한 시선이 있어야 한다. 이후, 인공지능에게 도움을 요청할 때는 이러한 부분을 적극 활용하면 된다. 인공지능에게 제시하는 것들은 자세할수록 좋다. 그렇게 되면 독특한 스토리 구상이 가능해진다.

인공지능을 활용해 대규모 데이터 세트를 얻을 수 있는데, 데이터를 통해 스토리에 대해 아이디어를 생성하고 발전시켜 신선한 플롯 전개와 캐릭터 개발이 가능해진다. 뿐만 아니라 인공지능을 통해 시각적인 효과와 스타일을 실험할 수 있다. 대량의 정보를 가지고 있는 인공지능이 상황에 맞는 적절한 선택을 해 줄 것이다. 그리고 이러한 다양한 시각 효과를 시뮬레이션함으로써 영화 제작자들은 새로운 시각적 스타일을 개발하여 독특한 영화를 만들 가능성이 주어진다. 그렇더라도 인공지능이 선택하는 것들이 좋은 예술 작품은 될 수 있겠으나 혁신적인 예술품이 될 것인지는 미지수다. 다만 인공지능의 도움으로 제작자들이 더 많은 시간을 아이디어 발전과 창작에 집중할 수 있게 된다는 것은 사실이다.

인공지능이 독립 영화 산업이 더욱 다양하고 혁신적인 작품을 만들어 나갈 수 있게 도움을 주며 미래를 기대하게 한다. 인공지능을 사용한 사용자 취향 및 관심사에 따른 개인화 콘텐츠는 독립 영화가 특정 관객층을 대상으로 맞춤형 콘텐츠를 제작할 수 있도록 한다. 독립 영화 제작자가 더욱 넓은 관객층을 가진 새로운 시장을 탐색할 수 있도록 좋은 기회를 제공하는 것이다.

독립 영화 제작자들은 기존의 제작 모델에서 벗어나 개인화된 콘텐츠를 제작한다. 또한 새로운 시장으로 나가기 위해 기존의 제작 모델에서 벗어나 더욱 넓은 관객층을 대상으로 활동하고자 한다. 특정 관객에게 맞춤형으로 제작된 영화는 해당 관객들의 관심을 끌고 새롭게 팬층을 형성할 수 있게 된다. 인공지능을 통해 얻은 데이터와 피드백을 바탕으로 영화 제작자들은 더욱 정확한 마케팅 전략을 수립하고 새로운 시장을 개척할 수 있게 되는 것이다.

참고문헌

강지영(2024). 인공지능 기반 VFX 소프트웨어의 혁신: 영화 제작의 새로운 시대. ≪한국디지털콘텐츠학회논문지≫, 25(8), 2239-2250쪽, 한국디지털콘텐츠학회.

전병원(2021). AI 영화영상콘텐츠를 위한 AI 예술 창작 사례연구. 국제문화기술진흥원.

전병원(2023). 인공지능과 영화영상제작: 영화영상제작 도구로서 인공지능의 활용사례를 통해. ≪프리뷰≫, 20(1), 한국디지털영상학회.

정인선(2024). 생성형 인공지능을 이용한 영화제작과 그 미학적 가능성. ≪프리뷰≫, 21(1), 한국디지털영상학회.

황지온(2023). AI 기술의 패러다임 변화에 대한 이해와 사회적 문제 고찰. ≪교양학연구≫, 10(1), 133-148쪽, 협성대학교 교양학연구소.

04
AI와 예술적 실험

인공지능은 독립 영화의 예술적 실험을 확장해 창작자들에게 새로운 가능성을 제공하곤 한다. 기존의 영화가 가지고 있는 서사와 형식에서 벗어나 독특한 시각, 청각적 표현을 실험할 수 있도록 하는 신선한 부분들이 존재한다. 하지만 인공지능이 가진 예술성에 대한 논란을 무시할 수는 없다. 앞으로 인간과의 균형이 어떻게 이뤄져야 하는지 알아볼 필요가 있다.

AI와 사주?

예술적 실험

종종 독립 영화는 예술적인 실험과 독특한 제작 방법을 탐구하는 장으로 알려져 있다. 실험적인 독립 영화는 기존의 장르나 구조에 얽매이지 않고 새로운 아이디어와 도전적인 요소를 통해 창의성을 자유롭게 표현한다. 최근 인공지능 기술의 발전은 이러한 실험을 더욱 확장하고 새로운 아티스트들에게 창의적인 플랫폼을 제공하는데 중요한 역할을 하고 있다. 인공지능의 형식을 인정하는 사례도 있다.

'인공지능 국제영화제'에 2067건의 인공지능 영화가 출품되었다. 제1회 영화제인 만큼 영화인들뿐만 아니라 예술 업계에도 큰 파장을 일으켰다. 인공지능과 예술의 상관관계 때문이다. 감정을 느끼고 감각을 이용해 창작하는 예술은 인공지능이 침범할 수 없는 분야였으므로 인공지능이 예술품을 만든다는 것 자체가 큰 충격으로 다가왔다. 이제 이 다양성을 인정해야 하는 시기가 찾아온 것이다.

인공지능 영화는 말 그대로 실험적 영화다. 인공지능이 어디까지 구현해 낼 수 있고 어떤 표현들을 사용하는지 우리는 강제적으로 관찰하게 된다. 인공지능이 표현하는 예술에 감정이 있을지는 의문으로 남아 있다. 다만 인간과 인공지능은 창의성에서 큰 차이점이 있다. 인간의 손길이 닿았느냐 아니냐, 이것은 외적으로 보았을 때는 차이점을 발견할 수 없을지 모르지만, 인간의 손길, 즉 정성이 닿은 것과 아닌 것에는 차이점이 있다.

사람들은 인공지능의 가능성에 집중하는 반면 인간이 가진 고유의 창의성에도 집중한다. 그리고 인간에 의해 소비되는 예술 작품 및 영화는 인공지능이 만들었다는 놀라움에 따른 두려움보다는 인간이 하나하나 고민하며 만들었다는 그 과정에 초점을 맞출 것이다. 실제로 현대 예술품들은 결과보다 과정에 집중하고 있다.. SNS 발달로 예술가들은 자신의 작품 활동 과정을 담은 영상을 만들어 내기 시작했고 이것은 예술가의 가치와 시간, 정성을 만들어 내 그 작품의 가치를 더욱 높여 주었다. 영화 또한 마찬가지다.

인공지능을 통해 만든 영화든 순수 인간의 생각으로 만든 영화든 만들어 가는 그 과정이 중요하게 여겨질 것이다. 그러면서 인공지능 기술은 예술적인 실험을 확장하고 다양한 아티스트가 자신의 창의성을 표현할 새로운 기회를 제공한다. 경쟁자지만 동시에 공생하는 관계이기도 한 것이다. 장르 간의 경계를 넘어서는 작품도 가능할 것이다. 인공지능을 사용하여 영화의 시각적 스타일을 변형하거나, 음악을 생성해 영화의 분위기 조성에 실제 적용이 가능하다. 인공지능을 활용한 예술은 실험적이다.

앞으로 사회에서 인공지능이 어떻게 인식되느냐에 따라 공생과 경쟁 사이에 예술과 영화는 놓이게 된다. 인간과 공생 관계에 놓이게 된다면, 창작자의 기본 창의성을 바탕으로 인공지능에게 도움을 요청할 수 있다. 독립 영화의 테마 음악 및 캐릭터의 의상 디자인 또는 스튜디오를 추천받을 수도 있다. 하지만 경쟁 관계에 놓이게 된다면, 제2의 이세돌 바둑 사건처럼 인공지능과 인간의 대립 관계가 이어지게 될 것이다. 그렇게 된다면, 영화를 바라보는 이들의 시선도 둘로 나뉘게 된다. '인공지능이 만든 예술도 예술로 인정해 줄 것인가?'가 우리가 직면하게 될 문제다.

즉, 인공지능을 통해 독립 영화에서 예술적 실험 영화를 제작하는 것은 창작의 새로운 지평을 연다. 정통적인 서사나 형식에서 벗어나 창의적이고 비정형적인 시각에서 다양한 서사적 · 편집적 실험을 시도하는 것이 가능하다. 인공지능은 독립 영화 감독에게 새롭고 독특한 아이디어를 제안하고, 고정된 영화의 틀에서 벗어나지 못하는 사람들을 위해 창작 과정의 한계를 넘어 자유롭고 실험적인 예술을 창조할 수 있게 돕는다. 방대한 데이터를 학습한 인공지능은 독창적인 스토리 아이디어를 고안해서 전통적인 내러티브 구조가 아닌, 새로운 방식의 스토리텔링을 시도해 예측 불가능한 전개나 초현실적인 서사를 창조하는 데 일조한다. 관객의 상상을 자극하는 독창적인 영화를 제작하는 데 기여할 수 있다.

실험 영화는 서사 구조와 아이디어 같은 스토리 부분에서도 독특함을 나타내기도 하면서, 비주얼 즉 시각적인 부분에서도 파격적인 형태를 가지는 것이 많다. 시각적 표현에 매우 창의적이고 파격적인 방식이기 때문에 인공지능은 자동화된 알고리즘으로 더 창의적이고 예상할 수 없는 시각적 이미지를 구현해 준다. 실험적인 영화를 만들고자 하는 제작자들이 시각적으로 독특하고 과감한 이미지를 얻고자 할 때 인공지능을 통해 레퍼런스를 참고할 수 있다. 레퍼런스 제공 이외에도 실시간으로 비디오 피드를 조작해 특정 장면을 바로 변형하거나 스타일화할 수 있다. 영화 속 인물의 얼굴을 변형하거나, 특수 효과를 줘 배경을 몽환적으로 처리하는 등 시각적 실험을 가능하게 한다. 시각적인 부분뿐만 아니라 청각적인 부분 역시 소리 자체를 창의적으로 실험하는 것도 가능하다.

인공지능이 생성한 영화는 기계적이고 예측할 수 없는 요소를 포함할 수 있어서, 기존의 영화와는 확연히 다르게 느끼는 것도 당연하다. 때문에, 새로운 장르나 서브컬처(subculture)로 인식될 수 있다. 서브컬처란 전체적인 문화로부터 상대적으로 구별되는 독자성을 가진 문화다. 또한 인공지능이 생성한 영화는 인간의 창의성과는 다른 시각과 접근 방식을 보여 줄 수 있으며, 이에 따라 완전히 새로운 장르나 스타일이 형성될 수 있다. 인공지능이 참여한 영화는 인간 제작자가 갖는 특별한 지식, 감정, 경험 등과는 확연히 다른 특징을 가지고 있기 때문이다.

이러한 점에서 인공지능이 만들어 낸 영화는 새로운 시각과 체험을 제공하여 새로운 장르의 시초가 될 수 있지만, 관객들이 어떻게 반응할지, 영화의 가치와 의미는 과연 무엇일지 등 여러 가지 요인을 고려해야 한다. 앞으로 인공지능의 가능성과 능력에 대해서는 의심할 여지가 없지만, 사람들에게 어떻게 인식될지가 관건이다.

참고문헌

강지영(2024). AI 기반 VFX 소프트웨어의 혁신: 영화 제작의 새로운 시대. ≪한국디지털콘텐츠학회논문지≫, 25(8), 2239-2250쪽,

한국디지털콘텐츠학회.
전병원(2021). AI 영화영상콘텐츠를 위한 AI 예술 창작 사례연구. 국제문화기술진흥원.
전병원(2023). 인공지능과 영화영상제작: 영화영상제작 도구로서 인공지능의 활용사례를 통해. ≪프리뷰≫, 20(1), 한국디지털영상학회.
정인선(2024). 생성형 인공지능을 이용한 영화제작과 그 미학적 가능성. ≪프리뷰≫, 21(1), 한국디지털영상학회.
황지온(2023). AI 기술의 패러다임 변화에 대한 이해와 사회적 문제 고찰. ≪교양학연구≫, 10(1), 133-148쪽, 협성대학교 교양학연구소.

05
영상 제작과 NFT

인공지능과 NFT 기술은 예술 분야에 새로운 가능성을 열어 주며, 창작과 수집 방식을 혁신하고 있다. 하지만 저작권 문제와 작품의 출처와 같은 윤리적 논란도 함께 떠오르고 있다. 인공지능과 NFT 기술에 대해 자세히 알고 기술과 예술이 공존할 수 있도록 나아가야 한다.

AI와 아이돌?

인공지능의 창의성과 예술적 표현

인공지능 기술은 예술 분야의 창작에서 새로운 형식이자 가능성이다. 인공지능을 통해 창작을 이어 나갈 수도 있지만, 많이 이뤄지고 있는 핀터레스트나 다양한 알고리즘 플랫폼에서 인공지능이 제공하는 콘텐츠를 바탕으로 새로운 아이디를 도출할 수도 있다. 새로운 작품을 자동으로 제공해 예술가들이 신선한 창의적 영감을 얻을 수 있도록 도와주는 것이 지금까지 인공지능의 역할이었다. 이뿐만이 아니라 인공지능은 이미지를 분석해 주기도 하고 스타일을 변환하는 등 다양한 기술을 사용해 작품 제작에 예술가들이 효율성을 얻을 수 있도록 돕기도 한다. 예술가들이 인공지능을 통해 많은 이점을 얻고 있는 것은 사실이지만, 아직까지 인공지능이 창작한 작품을 하나의 예술로 인정해야 하는지에 대한 논의는 끊이지 않고 있다.

인공지능을 사용해 시나리오를 생성하거나 영상을 편집하는 등의 작업이 가능하기에, 인공지능 기술은 예술 영화 제작에도 큰 영향을 준다. 또한 인공지능은 다양한 시각 효과를 실험하고 새로운 시각적 스타일을 개발하는 데도 활용될 수 있어 예술 영화 제작자들은 혁신적이고 창의적인 작품을 만들어 낼 가능성을 가지게 되었다.

예술 작품에서 인공지능이 가진 4가지 특징이 있다. 기계, 소통하는 기계, 소통의 실패, 인간적 우연성이다. 그리고 영화라는 예술에서 인공지능은 첫째 합리적 사고를 통해 분류된 인간을 닮지 않은 인공지능, 둘째 인간과 같은 행위를 통해 분류되는 인간을 닮은 인공지능, 셋째 합리적 행위를 통해 분류되는 외골격 인공지능, 마지막으로는 인간적 사고를 통해 분류되지만 소프트웨어적인 운영 체제를 가진 인공지능으로 나눌 수 있다.

인공지능이 만들어 낸 작품을 수집하고 감상하는 일은 현시대에 새롭고 흥미로운 경험이라고 할 수 있다. 컴퓨터가 생성한 작품은 예상치 못한 결과를 보여 줄 수 있으며, 이는 예술적 창작에 대한 새로운 관점을 제시해 줄 수 있기 때문이다. 또한 만들어진 작품을 수집함으로써 개인의 취향과 관심을 탐구할 수 있으며, 예술에 대한 새로운 발견과 연구의 여정으로 이어질 수 있다.

우리는 인공지능이 만들어 낸 작품의 가치와 의미에 대해 고찰해 볼 필요가 있다. 창작의 가치는 이 시대에 새로운 문제로 떠오르고 있으며, 이미 예시의 영역에서는 논란이 크게 불거진 적이 있다. 인공지능이 창작하는 예시는 인터넷에 올라와 있는 아티스트들의 형식과 방식을 그대로 흉내 내어 제작된 경우도 허다하기 때문이다. 이것은 명백한 저작권, 예술의 침해라는 주장도 있다. 반대로, 인공지능 예술이 모방을 시작으로 한다는 점에서 "모든 것은 반복이다"라고 말한 앤디 워홀(Andy Warhol)의 작품처럼 기존의 이미지를 찍어 내는 인쇄 방식의 미술과 다른 점이 없다고 주장하기도 한다. 과거, 사실주의를 추구하던 미술계에서 인상주의가 처음 등장했을 때의 대립이 오늘날의 대립과 같다는 의견도 있다. 해외에서는 예술로 인정하지 않는 사례도 증가하며 창조 활동에 대한 모방 논쟁은 현재까지도 끊이지 않고 있다.

하지만 인공지능 전시는 현재에도 종종 진행되며 예술로 인정해야 한다고 하면서도 아직도 저작권과 예술로서의 가치는 인정하고 있지 않은 것이 실상이다. 인공지능을 예술로 인정할 수 없다는 주장은 인공지능이 인간의 창의적이고 주관적인 요소를 대체할 수 없을 것이라는 견해를 기본으로 깔고 있다. 예술은 인간의 창의성에서 나오는 것인데, 많은 양의 데이터를 기반으로 생성한 예술 작품이 과연 순수한 창작을 바탕으로 만들어진 것이 맞는지 의문을 가진다. 인공지능은 본질적으로 기계적이고 자동화된 시스템으로, 인간의 감정과 경험 그리고 철학적 사고 등을 담은 진정한 창작 행위가 불가능하다는 의견이다. 인간과 같은 창의적 사고가 아니라 데이터를 기반으로 학습하여 패턴을 인식하는 방식이라 고유의 미적 감각을 통해 작품이 만들어지지 않는다는 것이다. 인공지능은 창의성과 의도가 부재하며, 창의성과는 본질적으로 차이가 존재한다고 본다. 인간이 창의성을 얻는 과정은 복잡하고 예측 불가능한 영역인데, 단지 과거의 데이터를 기반으로 한 재조합에 불과한 인공지능은 예술을 하는 창작자의 의도나 감정 등의 요소를 이해하지 못하고 결과물만을 제공한다는 것이다.

2022년 미국 콜로라도 주립 박람회의 디지털 아트 미술 대회에서 인공지능으로 제작한 〈스페이스 오페라 극장〉이 1등을 차지하며 인공지능에 대한 논란을 불러일으켰다. 인공지능이 만든 예술품을 인정하자는 주장도 있었지만, 인공지능 작품이 인간의 예술과 동등하게 평가되어서는 안 된다는 주장도 나왔다. 단순히 주어진 명령과 학습된 데이터를 기반으로 결과를 만들어 내는 생성형 인공지능이 과연 예술의 주체가 맞는지 인정하기 어렵다는 것이다. 예술이 아름다우면서 인간의 감정과 소통하는 이유는 인간으로서 갖는 감정과 사고를 통해 우러나오는 창작이기 때문이다. 예술은 창작자의 내면에서 비롯된 감정적 반응이나, 철학적이고 인문학적인 통찰 그리고 사회를 살아가면서 표현하고자 하는 메시지를 담고 있는 경우가 많다. 예술은 종종 창작자가 겪은 개인적 경험과 사회적 환경 등을 통해 이루어져 왔다. 하지만 인공지능은 사회를 직접 경험해 보지도 감정을 가질 수도 없어서 인생이라는 맥락을 이해할 수 없기에 그저 데이터를 기반으로 단지 모방하고 있을 뿐이라는 주장도 있다.

인공지능을 예술로 인정할 수 없다고 주장하는 사람들이 가장 크게 문제 삼는 것은 '독창성의 문제'다. 독창성은 인공지능이 가지는 치명적인 문제이기도 하다. 인공지능은 데이터를 기반으로 한다. 기존에 있던 데이터를 재조합하는 것이기 때문에 새롭게 보여도 실질적으로 완전히 새로운 것이라 보기 어렵다는 의견이다. 기존 작품을 모방하는 것에 불과하며 완전히 새로운 아이디어를 창조해 낼 능력이 없어 1차 예술로 인정받기는 힘들다. 독창성이 없는 데서 나아가 더 큰 문제는 '모방에 따른 저작권의 소재 여부'다. 다른 예술가들의 데이터베이스를 이용해 만든 예술 작품이 진정한 의미의 재창조라고 할 수 있는지, 발생하는 저작권에 대한 문제는 어떻게 보장받아야 하는지 등에 대한 윤리적 문제가 뒤따른다.

인공지능이 가진 오류가 해결되지 않는 이상, 창의성과 독창성에 대한 부분에 대한 논의는 끊이지 않을 것으로 보인다. 사실상 예술 작품은 창작자의 개인적 주체성을 바탕으로 한다. 창작자는 예술 작품에 자신의 모든 것을 이용해 녹아 내려 목소리를 내는데, 인공지능은 주체성이 결여되었기 때문에 예술로 인정하기 어렵다고 판단한다. 인공지능이 작품을 창작하는 과정에서 인간은 그저 데이터를 입력하기만 했기 때문에 창작자의 개입이 현저히 부족해 창작자의 주체성이 없다고 본다.

그런데도 인공지능이 예술적 창작에 참여함으로써 우리는 예술과 기술의 경계를 탐색하고 새로운 예술 형식을 발견할 수 있다. 인공지능을 통해 영화라는 예술도 기술과 상상을 시각화할 수 있게 되었다. 그리고 우리는 인공지능 기술력의 발전으로 미래를 조망할 수 있으며 더불어 가지고 있는 문제들로 현재를 볼 수 있다. 인공지능은 누군가에게는 친구가 되어 주고 누군가에게는 인간이 가지고 있는 소외와 단절과 같은 문제를 없애 주며, 감정을 만져 주기도, 내면적 가치를 돌아보게도 한다. 우리는 예술을 하면서, 인공지능과 사람이 가진 차이를 비교하며 인공지능이 가진 미래 산업화의 인간적 부분을 생각할 필요가 있다. 인공지능과 함께 살아가는 우리가 어떤 방식으로 공존하는 것이 맞는지 끊임없이 질문하고 답을 찾아야 한다. 인공지능이 아직은 불완전한 모습이기 때문에 허점이 많이 발견된다. 여기서 또 의문이 생길 수 있다. 인공지능이 실수하는 것과 인간이 실수하는 것의 차이가 과연 무엇인지, 그렇다면 실수하는 인간과 실수하지 않는 인공지능과의 관계성은 어떠할지 말이다. 마지막으로 가장 중요한 부분이 예술가의 존재 의미다. 예술가란 무엇인가? 만약 인공지능이 예술가의 역할을 어느 정도 대체할 수 있다면 '인공지능 예술가'가 존재할 수 있는 것인가 등에 관한 철학적이면서 논리적인 고찰이 필요하다.

또한 인공지능이 생성한 작품은 우리에게 인간과 기계 간의 상호 작용과 협력에 대한 깊은 이해를 제공하는 장점이 있어, 인공지능과의 공존에 대해 깊이 생각해 볼 필요가 있다. 인공지능과 인간과의 협력은 상호 보완적인 관계를 형성해 창작을 더욱 풍부하게 만든다. 인간은 창의성과 감정적 표현, 의도를 제공하고 인공지능은 대량의 데이터를 처리해 복잡한 계산을 맡아서 처리한다. 인공지능과 인간의 협력은 더 정교한 작품을 위한 세밀한 부분을 체크하고 보완할 수 있고, 각자가 가진 강점을 활용해 더 발전된 작품을 만들어 낼 수 있다.

인공지능을 통해 얻은 다양한 시각과 음악적 · 문학적 아이디어를 바탕으로 인간은 직관적으로 예술적 방향을 정하고 감정적 표현을 더해, 작품을 하나로 합쳐 완성할 수 있다. 인공지능이 가지지 못한 인간 내면적 · 경험적 부분을 인간이 해석하고 보완하여 예술 작품을 창출한다. 인공지능이 생성한 초안이나 패턴을 바탕으로 인간은 이것을 평가하고 필요에 따라 수정한다. 인공지능은 인간의 피드백을 학습하여 이후에 더 나은 답변을 생성할 수 있어 예술적으로 인공지능이 성장할 수 있는 발판이 된다.

인공지능이 예술적 부분을 지원하면서 생긴 큰 장점이 하나 있다. 바로 특정 예술 능력이 부족했던 사람도 쉽게 예술을 할 수 있게 되었다는 것이다. 예술 창작에서 아이디어는 있지만 영상을 만들거나 예시를 그리는 능력이 부족했던 사람은 인공지능에 자신의 창작 아이디어를 입력해 원하는 예술 작품을 얻을 수 있다. 또한 예술 창작은 사실상 기술과 재정적 장벽이 높은데, 특히 재정 능력이 부족한 사람도 인공지능을 통해 예술 창작에 뛰어들 수 있게 되어 더 많은 사람이 예술을 직접 향유할 수 있도록 돕는다. 예술에 대한 경험이 부족한 사람도 수준 높은 창작이 가능하도록 지원하며, 이제는 다양한 배경을 가진 사람이 쉽게 창작에 참여할 수 있도록 문턱이 낮아졌다. 기술적 지식 없이도 창작을 가능하게 만드는 인공지능을 통해 몇몇 기술 과정을 자동화해 창작자가 기술적인 부분에서 어려움을 겪지 않고 예술적 아이디어에만 집중할 수 있도록 한다. 사람들의 참여가 많아질수록 인공지능의 발달 속도는 빨라지고, 더 다양한 예술 작품이 탄생하게 될 것이다. 예술은 이제 더 이상 소수 전문가들만의 전유물이 아니라 누구나 쉽게 접근할 수 있는 영역으로 확장되었다.

즉, 인공지능이 생성한 예술 작품은 인간과 기계 간의 상호 작용과 협력에 대한 깊은 이해를 동반한다. 인간의 창의성을 장애물 없이 확장할 수 있도록 돕고 기술적 한계를 극복하게 하는 도구로, 창작하고자 하는 사람들에게 창의적 프로세스를 확장하는 상호 보완적인 창작 과정을 이룰 수 있도록 한다. 인간과 인공지능과의 관계성이 짙어지며 예술 창작의 정의가 확장되고 재해석되어 예술 창작의 미래 가능성을 열어 준다. 인간과 기계가 함께 더 나은 결과물을 만들어 낼 수 있도록 새롭게 시각을 확장하는 데 의의가 있다.

참고문헌

강지영(2024). AI 기반 VFX 소프트웨어의 혁신: 영화 제작의 새로운 시대. ≪한국디지털콘텐츠학회논문지≫, 25(8), 2239-2250쪽, 한국디지털콘텐츠학회.

김상민(2023). 환각 생성과 창의성 추출의 자동화된 기계: 생성형 인공지능 뒤집어 보기. ≪문화과학≫, 114호, 39-56쪽. 문화과학사.

김상언(2021.10.19). 앤디워홀과 실크스크린, 그리고 디지털 트랜스포메이션. TOBETONG, http://tobetong.com/?p=13200

김희영(2018). 예술에서 살펴본 인공지능의 미래 산업화 가능성 – 영화와 인공지능 예술을 중심으로. ≪만화애니메이션연구≫, no.50, 423-452쪽, 한국만화애니메이션학회.

네오퍼스트(2023.4.28). 인공지능 VFX 혁신, "영화 제작의 새로운 시대의 여명". 인공지능 활용 연구소 인공지능UI, https://neo-platform.tistory.com/54

박성혜(2024). AI와 디지털 문화산업의 결합에서 저작권 및 윤리적 규범 준수의 필요성 연구. ≪AI와 인간사회≫, 5(1), 23-37쪽, 호서대학교 인문사회과학연구소.

박찬(2022.11.1). 세계 첫 인공지능 작품 전시회 개막, ≪AI타임즈≫, https://www.aitimes.com/news/articleView.html?idxno=147641

전병원(2021). AI 영화영상콘텐츠를 위한 AI 예술 창작 사례연구. 국제문화기술진흥원.

전병원(2023). 인공지능과 영화영상제작: 영화영상제작 도구로서 인공지능의 활용사례를 통해. ≪프리뷰≫, 20(1), 한국디지털영상학회.

전병원(2024). 인공지능(AI) 시네마(Cinema) 연구-도상학, 기호학, 영화기호학 이론을 적용한 인공지능 시네마 창작방법론 연구 필요성. ≪한국예술연구≫, 44호, 53-76쪽, 한국예술종합학교 한국예술연구소,
http://dx.doi.org/10.20976/kjas.2024..44.003

최빛나 외(2023). AI 창의성을 둘러싼 예술의 위기와 가능성. ≪문화과학≫, 114호, 191-227쪽, 문화과학사.

Hart, R. D.(2017.8.15). If an AI creates a work of art, who owns the rights to it?. *QUARTZ*,
https://qz.com/1054039/google-deepdream-art-if-an-ai-creates-a-work-of-art-who-owns-the-rights-to-it

06
디지털 예술

NFT와 인공지능은 디지털 예술의 새로운 가능성을 열며, 창작자들의 소유권을 보호하고 수익화의 기회를 제공한다. 하지만 그 이면에는 시장 변동성과 윤리적 문제와 같은 해결해야 할 문제들이 존재하며, 기술이 예술 산업에 미칠 영향과 지속 가능성에 대해 신중한 고려와 조사가 필요하다.

AI와 야구?

NFT와 디지털 예술의 부상

대체 불가능한 토큰이라는 NFT(non-fungible token) 기술은 최근 몇 년간 디지털 예술 시장을 변화시키고 있다. 상업적 목적성도 띠고 있지만, NFT는 상업 목적이 아닌 자신만의 세계를 펼치고 싶은 순수 예술가들에게 큰 이점이 되어 준다.

NFT를 통해 자기 작품을 블록체인상에 등록하고 소유권을 증명하며 예술가들은 중앙화된 중개인 없이 작품을 판매하고 수익을 창출할 수 있게 되기 때문이다. 이는 전통적인 예술 시장에서 벗어난 새로운 플랫폼이 되었고 방식과 형식에 차이점을 두어 예술품의 가치가 다양하게 인정받고 있다. 블록체인은 '블록'이라는 데이터를 저장하는 것이 체인과 같이 연결되어 많은 컴퓨터에 복제해 동시에 분산 저장하는 기술을 말한다. 하나의 컴퓨터에 집중하여 보관하는 중앙 집중형 형태가 아니라 사용하는 모든 이에게 거래 내용을 투명하게 공개 및 기록하여 사람들이 정보를 공유하면서도 데이터를 위조하거나 변조하지 못하게 한다. 이러한 투명성과 공개성으로 인해 신뢰가 필요한 많은 분야에서 활발하게 사용된다.

블록체인은 2007년 사토시 나카모토가 글로벌 금융

위기 사태를 통해 2009년 '비트코인'인 암호 화폐를 개발하면서 시작되었다. 블록체인은 비트코인이나 이더리움 같이 개방된 형태의 '퍼블릭 블록체인'과 보편적으로 기관이나 기업이 많이 쓰며 사전 승인된 이들만 사용할 수 있는 '프라이빗 블록체인'으로 나뉜다. 예술가들도 NFT를 통해 예술 작품을 유통하고 투명하게 거래하고 있다.

NFT를 통해 소유한 작품은 블록체인상에 기록된다. 소유한 작품이 블록체인상에 기록되면 작품의 소유권을 공식적으로 인정받는다. 소유권의 원작자를 구분하기 어렵다는 단점이 있음에도, NFT 기술은 디지털 예술 시장의 가능성을 열어 놓고 있다. 이제는 예술가들이 전시 등의 물리적인 제약에 묶이지 않고 자유롭게 작품을 창작하고 판매할 수 있다. 예술가와 수집가의 관계에 완전히 새로운 수요를 불러일으키고 있는 것이다.

각 NFT는 고유한 성질을 가지고 있어 복제할 수 없는 디지털 자산이다. 예술가가 자신의 작품을 NFT로 발행하면 소유권과 거래 기록이 블록체인에 영구적으로 지정되어 소유권을 명확하게 증명할 수 있어 작품의 희소성을 보장받고, 기존에는 비교적 어려웠던 디지털 자산의 수익화가 가능하다. 과거에 디지털 아트는 복제하거나 무단으로 사용하는 것이 너무나 쉬웠다. 무분별한 디지털 아트의 사용으로 창작자는 소유권을 인정받아 작품을 수익화하기가 굉장히 어려운 구조였다. 하지만 NFT를 이용해 새로운 수익을 창출할 기회를 제공하고, 디지털 작품에 희소성과 소유권을 부여하여 단 하나의 창작물로 판매할 수 있게 되었다.

예술가들은 GAN(generative adversarial network: 생성적 적대 신경망)과 같은 인공지능 알고리즘을 사용해 디지털 아트워크를 생성한다. 미술가 로비 레온(Lobby Leon)은 인공지능을 이용해 생성한 디지털 아트워크를 NFT로 등록하여 판매하고 있기도 하다. 중개인이 없이 작품을 판매하므로 중개 수수료가 들지 않아 더 많은 수익을 만들어 낼 수 있다. NFT 작품이 재판매되거나 2차 창작물로 시장에서 활용될 때마다 자동으로 일정 비율의 로열티가 창작자에게 지급되기 때문에 지속적인 수익 창출이 가능해진다. 또한 NFT는 글로벌한 디지털 시장에서 활동하기 때문에 인터넷을 통해 전 세계 누구나 접속이 된다. 과거에는 자신의 작품을 전 세계에 알리기 위해서는 대규모 홍보를 진행해야 했지만, 이제는 디지털 세상인 NFT를 통해 홍보의 기회가 적은 창작자들도 자신의 작품을 알리고 판매할 수 있다. 이제 막 예술계에 뛰어든 신진 예술가들도 NFT를 통해 새로운 기회를 얻을 수 있다. NFT를 통해 창작자는 자신을 응원하는 사람과 소통이 가능해지기도 한다. NFT 플랫폼에서 커뮤니티를 만들어 직접 소통의 장을 구축할 수 있어 강한 유대감을 만들 수 있다.

NFT를 통해 작품 창작의 자유도가 상승하고, 작품을 고유한 자신의 예술품으로 소유 및 관리할 수 있다. NFT와 같은 기술 혁신은 예술 시장의 미래를 긍정적으로 바꾸고 있어 충분히 주목할 만하다.

예술 영화와 감정적 연결

영화를 비롯한 모든 예술은 감정적으로 연결되어야 한다. 시각적 · 감각적 · 정서적으로 사람의 다양한 감정을 자극하는 예술 영화는 종종 일상에서 느끼기 어려운 감정을 표현해 관객들과 감정적 교류를 한다. 관객들은 예술 영화를 통해 뜻밖의 감정을 경험하고 사유의 시간을 갖거나 많은 사상과 가치를 고찰할 기회를 얻는다.

개인적 경험과 감정의 연결에 성공한 영화는 관객에게 훨씬 의미 있고 감동적으로 다가온다. 예술 영화 속 캐릭터가 누군가의 삶과 감정의 온도와 유사하다면, 감정적으로 더 크게 다가오는 것이다. 예술 영화와 관객과의 감정적 교류는 작품에 대한 호기심을 자극하고 겉이 아닌 깊숙한 심층적인 분석과 생각을 가능하게 한다. 그런 면에서 인공지능은 예술적 가치가 없다고 볼 수도 있다. 하지만 인공지능이 창작한 작품에서 감정이 완전히 배제되었다고 보기는 어렵다. 복잡하고 어려운 문제이나 인공지능이 지닌 기술력과 소통 방식은 인간을 본떠 만들어졌다. 감정을 지니고 교류할 수 있는 것이 인간이고 그런 인간에 의해 만들어진 인공지능이기 때문에 감정을 배제할 수가 없다고 말하는 것이다. 따라서 인공지능의 작품들을 보면 우리는 감정적으로 연결되는 듯한 느낌을 받는다. 인공지능이 표현하는 것은 대부분 인간의 생활과 감정 양식과 관련이 있으며, 인간이 사용했던 기법들을 토대로 만들어지기 때문이다. 따라서 불쾌한 골짜기(uncanny valley: 어설프게 인간을 닮은 로봇에게 느끼는 불쾌한 감정)처럼 인간을 흉내 낸 데서 오는 유쾌하지 못한 감정을 느낄 수는 있지만, 그러한 작품이 감정적으로 연결되지 않는다고 단정 지어 말할 수는 없다. 인공지능 알고리즘이 분석한 데이터를 바탕으로 한 작품은 예술 영화의 감정적 연결과 사유를 유발하여 관객의 감정과 상호 작용할 수 있다는 데 큰 의미가 있다.

이 밖에도 예술 작품을 수집하는 것은 많은 의미와 가치가 있는 일이다. 한 개인이 작품을 수집하고 감상하며 얻는 즐거움과 만족감 이외에도 문화적 가치와 역사적 의미를 지니는 것이다. 인공지능이 예술 산업에 뛰어들고 더욱 디테일해질수록 영화 및 예술품은 단순화되고 조직적으로 변할 것이라는 예측도 나온다. 여기서 예술 작품 수집에 인공지능과 NFT가 합쳐진다면, 새로운 기회가 주어진다. 인공지능은 수집가가 자신의 취향에 맞는 작품을 찾을 수 있도록 예술 작품을 분석한 뒤 추천한다. 인공지능과 NFT의 결합은 디지털 예술 작품에서 소유권을 증명하고 거래 방법을 제공해 소유와 교환이 비교적 쉽게 이루어지게 한다.

그러나 인공지능과 NFT를 이용한 예술 작품을 수집하는 부분에서 윤리적 고려와 지속 가능성에 관한 논의는 필요하다. 출처, 소유권, 환경적 영향 등의 문제점은 마땅히 고려해야 할 사항이며, 인공지능과 NFT를 다루는 우리는 개인적으로 수집한 작품들이 예술 산업과 사회 전반에 어떤 영향을 미치는지 주의 깊게 살펴봐야 한다. 만약 예술 작품의 출처와 소유권이 불확실하다면 본래 작품이 지닌 가치와 예술가가 가진 권리가 침해될 수 있다. 더 나아가 예술가들의 창작 활동에 제약이 걸려 예술 산업 발전에도 부정적 영향을 줄 수 있다. 또한 NFT는 시장 변동성과 투기성이 매우 크기 때문에 NFT 작품의 가치가 수집가나 투자자들의 수요에 의해 결정된다는 한계도 있다. 동시에 수요는 언제든지 갑자기 변하므로, 높은 가치를 지닐 수도 있지만 반대로 급격히 하락하거나 NFT상에서 가치가 없는 작품으로 전락해 버릴 가능성도 농후하다. NFT 시장은 초기 투자 붐으로 과도한 가치 평가를 받는 경우도 많다. 일명 '거품'이라고 불리는 이 현상이 형성될 위험이 있고, 창작자들이 NFT를 판매하더라도, 시간이 어느 정도 흐르면 원래 가지고 있던 가치가 급락할 수 있다는 점을 알고 있어야 한다.

그리고 아직 NFT는 대중이 접근하기가 쉽지 않다. 사회적으로 이슈가 되어 사람들의 귀에는 익숙하게 들릴지 모르지만 NFT를 온전히 이해하고 사용하는 사람은 많지 않다. 암호 화폐 지갑을 설정하고 거래소에서 코인을 구매하는 등의 일부 절차가 필요하며, 투자에 대한 실패나 부정적인 사회적 이슈도 많이 접하면서 일반 대중이 쉽게 접근하지 못할 수 있다. 현재로서는 일반 대중의 접근이 확실하지 않기 때문에 NFT를 활용하여 더 넓은 시장에 도달하고 유명해지기까지는 한계가 있다고 본다.

NFT는 창작자들에게 수익을 제공하고 희소성을 보장하며 전 세계적인 연결을 가능하게 하는 등의 장점이 있다. 하지만 시장 변동성이 크고, 환경적 · 윤리적 문제가 있으며, 법적으로 보장이 안 되어 불확실하다는 단점도 존재한다. 우리는 디지털 예술 작품의 생성과 거래가 창작 활동 전반에 미치는 영향을 생각해야 하며, NFT의 장단점을 신중하게 고려해 창작자 자신만의 디지털 시간에 대한 전략을 세워야 한다. NFT를 올바르고 효율적으로 활용하기 위해서는 기술적인 이해를 바탕으로 신중하게 접근할 필요가 있다. 창작의 중요한 요인이 되는 만큼 발생할 수 있는 문제에 대해 진중한 고찰과 대응책을 생각해 보아야 한다. 예술품이 인공지능에 관여하는 것을 어디까지 인정할 것인지, NFT의 디지털 소유권 원작자에 대한 문제를 인공지능이 해결할 수 있는지를 고민해 봐야 한다. 인공지능 예술품에도 감정이 존재하고 순수 창작물에도 감정이 존재하는데 이것을 어떻게 바라볼지도 중요할 것이다. 인공지능이 창작한 예술품은 다양한 예술가들의 형식을 따온 것이기 때문에 예술 작가 고유의 개성과 가치를 갖지 못한다. 인공지능의 한계가 미지수인 지금 불확실한 미래를 어떻게 정립해 나갈지가 중요하다.

인공지능과 NFT를 활용한 예술 작품을 수집하는 것은 분명히 새로운 기회를 제공한다. 하지만 그 이면에 있는 윤리적 인식에 대해, 그리고 지속 가능성에 대해 고민해 볼 필요가 있다. 인공지능과 NFT가 가진 문제점을 깨닫고 해결해 나가면서, 예술 산업과 사회에 긍정적으로 작용할 수 있도록 함께 노력해야 한다.

참고문헌

강지영(2024). AI 기반 VFX 소프트웨어의 혁신: 영화 제작의 새로운 시대. ≪한국디지털콘텐츠학회논문지≫, 25(8), 2239-2250쪽, 한국디지털콘텐츠학회.

김상민(2023). 환각 생성과 창의성 추출의 자동화된 기계: 생성형 인공지능 뒤집어 보기. ≪문화과학≫, 114호, 39-56쪽. 문화과학사.

김상언(2021.10.19). 앤디워홀과 실크스크린, 그리고 디지털 트랜스포메이션. TOBETONG, http://tobetong.com/?p=13200

김희영(2018). 예술에서 살펴본 인공지능의 미래 산업화 가능성 – 영화와 인공지능 예술을 중심으로. ≪만화애니메이션연구≫, no.50, 423-452쪽, 한국만화애니메이션학회.

네오퍼스트(2023.4.28). 인공지능 VFX 혁신, "영화 제작의 새로운 시대의 여명". 인공지능 활용 연구소 인공지능UI, https://neo-platform.tistory.com/54

박성혜(2024). AI와 디지털 문화산업의 결합에서 저작권 및 윤리적 규범 준수의 필요성 연구. ≪AI와 인간사회≫, 5(1), 23-37쪽, 호서대학교 인문사회과학연구소.

박찬(2022.11.1). 세계 첫 인공지능 작품 전시회 개막, ≪AI타임즈≫,

https://www.aitimes.com/news/articleView.html?idxno=147641

전병원(2021). AI 영화영상콘텐츠를 위한 AI 예술 창작 사례연구. 국제문화기술진흥원.

전병원(2023). 인공지능과 영화영상제작: 영화영상제작 도구로서 인공지능의 활용사례를 통해. ≪프리뷰≫, 20(1), 한국디지털영상학회.

전병원(2024). 인공지능(AI) 시네마(Cinema) 연구-도상학, 기호학, 영화기호학 이론을 적용한 인공지능 시네마 창작방법론 연구 필요성. ≪한국예술연구≫, 44호, 53-76쪽, 한국예술종합학교 한국예술연구소, http://dx.doi.org/10.20976/kjas.2024..44.003

최빛나 외(2023). AI 창의성을 둘러싼 예술의 위기와 가능성. ≪문화과학≫, 114호, 191-227쪽, 문화과학사.

Hart, R. D.(2017.8.15). If an AI creates a work of art, who owns the rights to it?. *QUARTZ*, https://qz.com/1054039/google-deepdream-art-if-an-ai-creates-a-work-of-art-who-owns-the-rights-to-it

07
인공지능 환각

인공지능 기술과 예술, 특히 영상 예술과의 융합이 중요하다. 인공지능 환각을 활용한 실험 영화와 같은 새로운 형태의 예술적 표현이 기술의 발전과 함께 예술의 경계를 확장하고, 다양한 분야에 영향을 미친다. 특히 실험 영화와 결합하여 관객에게 특별한 시네마틱 경험을 선사할 수 있다.

AI와 운동주?

인공지능 환각

인공지능 환각은 새로운 형태의 환각으로 영상을 생성하고 가공하는 과정에서 발생한 인공지능의 아트다. 딥러닝과 같은 기술을 사용해 이미지를 생성하고 변형하는 과정을 거치며 생성되고 영상 아트의 한 형태로서 실험적이고 파격적이고 혁신적인 이미지를 제공해 준다. 인공지능이 학습된 데이터를 초과 해석하거나 기존에 가지고 있던 데이터의 경계를 넘어서 새로운 이미지나 형상을 창조하는 과정에서 정상적인 루트를 벗어난 비정상적이거나 비현실적인 이미지를 만드는 것이다. 인공지능 환각은 말 그대로 환각 경험과 유사한 것만 같은 시각적 · 문학적 특징을 보인다. 초현실적이고 비현실적인 추상적 결과물을 도출해 내며, 어쩌면 오류라고 생각할 수도 있는 부분을 만든다.

인공지능 환각은 딥드림(Deep Dream)과 생성적 적대 신경망(GAN)과 같은 인공지능 기술을 통해 두드러지게 볼 수 있다. 딥드림은 우리가 구름을 보고 특정한 이미지를 상상하는 것처럼 입력한 이미지를 파악해서 패턴을 만드는 과정에서 과도하게 상상하여 시각화하는 것을 말한다. 신경망이 학습한 패턴이며 이미지가 입력되면 신경망을 이용해 기계 학습 모델을 학습하거나 혹은 학습 완료 모델을 추론한다. 입력된 부분부터 출력된 부분까지 가중합에 대해 계산하고 활성화한 함수를 지나가는 하나의 과정을 거친다. 딥드림 인공지능은 과잉 해석을 통해 이미지를 특정 패턴화하는 것이기 때문에 입력값에 기반하면서 몽환적이고 초현실적인 패턴을 향상하게 해, 마치 꿈을 꾸는 것 같은 이미지를 만들어 낸다. 신경망에서 원본 이미지 속의 작은 특징을 극도로 부풀려 비정상적이고 비현실적인 결과를 만들어 인간이 환각을 보는 것과 같은 착각을 주는 것이다.

생성적 적대 신경망은 생성자와 식별자가 경쟁하여 데이터를 만드는 것을 말한다. 만들어 내는 생성자와 만들어진 결과물을 평가하는 구분자의 대립을 통해 성능을 발전시켜 나가는 학습 기법이다. 생성자는 생성이 되는 무언가를 받고 실제와 비슷하게 만들기 위해 노력한다. 구분자는 진짜와 가짜를 판단하는 감독처럼, 실제 데이터와 생성자가 만들어 낸 데이터의 진실 여부를 판단할 수 있도록 기능한다.

인공지능 환각의 의미

새로운 형상을 만들어 내는 과정에서 생성자와 구분자가 경쟁을 하는 와중에 데이터의 경계를 넘어서는 비정상적이고 기이한 이미지가 생성될 수 있다. 데이터의 경계를 넘어 과도하게 변형된 데이터가 출력되면 인공지능 환각이 발생하는 것이다. 인공지능 환각은 단순한 데이터 기반의 분석과 파일 복제 등의 기술만을 반복하는 것이 아니라 의도하지 않은 오류를 통해 경험하거나 새로운 형태의 창의성을 보여 주며 생각하지 못한 방식으로 탄생하는 예술적 결과물 생성에 대해 주목하게 된다.

인공지능 환각은 인공지능이 인간과 다르게 현실을 바라본다는 사실을 나타내며 인간이 현실을 인식하는 시선과 기계가 인식하는 세상에 대한 차이를 보여 준다. 단순하게 데이터 재조합이 아니라 새로운 방식으로 해석해 기존에 없던 이미지를 창조하기 때문에, 기계가 창의성을 가질 수 있는가에 대한 철학적 논의를 불러일으킨다. 과연 기계가 인간과 같이 독창적으로 아이디어를 창출할 수 있는지 탐구하는 계기가 된다. 예술과 과학의 융합을 통해 새로운 창작 방식과 표현 방식을 가질 수 있다는 부분에서 큰 장점으로 작용하고 있는 인공지능 환각은 창의적 표현의 매개체로 활용되기도 한다.

참고문헌

김상민(2023). 환각 생성과 창의성 추출의 자동화된 기계: 생성형 인공지능 뒤집어 보기. ≪문화과학≫, 114호, 39-56쪽. 문화과학사.

김형주(2023). '인공지능 환각' 환각. ≪철학 · 사상 · 문화≫, 131-154쪽, 동국대학교 동서사상연구소.

김희영(2018). 예술에서 살펴본 인공지능의 미래 산업화 가능성 - 영화와 인공지능 예술을 중심으로. ≪만화애니메이션연구≫, no.50, 423-452쪽, 한국만화애니메이션학회.

네오퍼스트(2023.4.28). 인공지능 VFX 혁신, "영화 제작의 새로운 시대의 여명". 인공지능 활용 연구소 인공지능UI, https://neo-platform.tistory.com/54

신찬옥(2021). 디즈니 애니메이션이 치료제?-AI · VR로 진화하는 디지털 헬스케어 우울증, 암, 만성질환 관리까지. ≪매경럭스맨≫, vol.124, 148-151쪽. 매일경제신문사.

오준호(2017). 이색적인 문화영화: 유현목과 시네포엠(1964-66)의 실험영화 개념에 관한 제안. ≪영화연구≫, 101-134쪽, 한국영화학회.

이선주(2018). 〈영화예술〉의 뉴 시네마(New Cinema) 담론들-1960년대 영화비평의 전문화와 영화학의 제도화. ≪대중서사연구≫, 24(3), 41-82쪽, 대중서사학회.

전병원(2021). AI 영화영상콘텐츠를 위한 AI 예술 창작 사례연구. 국제문화기술진흥원.

전병원(2024). 인공지능(AI) 시네마(Cinema) 연구-도상학, 기호학, 영화기호학 이론을 적용한 인공지능 시네마 창작방법론 연구 필요성. ≪한국예술연구≫, 44호, 53-76쪽, 한국예술종합학교 한국예술연구소, http://dx.doi.org/10.20976/kjas.2024..44.003

정인선(2024). 생성형 인공지능을 이용한 영화제작과 그 미학적 가능성. ≪프리뷰≫, 21(1),, 한국디지털영상학회.

주성범(2023). 가상 현실(VR)과 인공지능(인공지능)을 활용한 스마트 수업 적용방안 탐색연구-2022 개정 초등 체육교과 스포츠 영역을 중심으로. ≪초등교육연구≫, 38(3), 261-274쪽, 부산교육대학교 미래교육원.

AWS. 대규모 언어 모델(LLM)이란 무엇인가요?, https://aws.amazon.com/ko/what-is/large-language-model/

08
AI와 실험 영화

인공지능과 실험 영화는 기존의 영화가 가진 서사 구조를 깨고 새로운 시각적 표현을 창출하는 것에 주력한다. 현실과 가상의 경계를 흐려 초현실적이고 몰입감 높은 경험을 제공하며 영화 이외의 분야에도 활용되어 다양한 혁신적인 모습을 나타낸다. AI는 이제 창작과 실생활에 깊이 스며들고 있는 만큼 자세히 살펴봐야 한다.

AI와 한의학?

AI와 실험 영화

실험 영화란 기존의 서사 구조나 익숙한 시각적 스타일에서 벗어나 새롭고 신선한 경험을 제공하는 영화를 말한다.

인공지능과 실험 영화는 전통적인 서사 구조와 상업적인 요소에 얽매여 있지 않다. 새롭게 탐구된 영화 장르로서 예술적 표현이나 인간의 경험에 관한 탐구를 중요시한다. 따라서 인공지능 환각과 실험 영화는 상호 작용하며 새롭게 실험적인 시각적 표현을 만들어 낸다. 기존 영화가 가졌던 형식과 내용을 깨면서 관객들이 새로운 경험을 느끼도록 하는 것이 인공지능 환각의 목표 지점이다. 실험 영화에서 인공지능 환각은 초현실적이고 비정형적인 시각적인 효과를 만들어 낸다. 관객에게 감각적인 충격을 선사하거나 기존 현실을 타파하는 콘텐츠를 제공하여 새로운 형상을 탐구할 수 있도록 한다. 인공지능 환각이 주는 비정상적이고 어딘가 독특한 표현들은 실험 영화에서 강력한 도구로 사용된다. 실험 영화의 큰 특징 중 하나는 비현실적인 시각적 경험을 제공하는 것이다. 인공지능은 실험 영화에서 현실 세계에서 볼 수 없던 형상이나 패턴을 창출하며 영화 속 장면에 초현실적인 분위기를 부여할 수 있다. 인공지능은 현실의 이미지를 입력받아 이를 비정상적인 시각적 왜곡을 통해 새로운 형태로 변형할 수 있다. 현실적인 장면이 점차 비현실적으로 변형되는 과정을 영화 속에서 표현할 수 있으며 관객들은 영화 속에서 새로운 차원의 현실을 경험할 수 있다. 인공지능 환각을 이용하면 현실적인 거리 장면을 점차 변형시켜 초현실로 넘어가는 변화의 연출을 구성할 수 있다. 도시의 건물과 사람과 사물이 극단적으로 변형되어 새로운 패턴으로 바뀌는 모습을 통해 관객들은 꿈과 현실의 경계를 모호하게 느낄 수 있다.

인공지능은 인간의 의식 변형을 시각적으로 표현할 수 있다. 혼란스러운 정신적 상태를 주제로 하는 실험 영화에서 시각적으로 표현하기 힘든 감정적 상태도 생생하게 표현할 수 있다. 인공지능이 생성한 비현실적 이미지로 관객이 인간의 내면세계나 의식의 확장을 탐구하도록 한다. 또한 새로운 감각적 체험을 느끼게 한다. 비정상적인 패턴의 시각적 독특함은 관객의 감각을 자극하고 현실에서는 경험하기 힘든 감각적 체험을 가능하게 한다. 그리고 인공지능을 통해 음악과 비주얼이 함께 변화하는 영화적 실험을 할 수 있다. 청각적 패턴과 결합하는 형태인데, 소리의 변화에 따라 이미지가 실시간으로 변형되거나 음악과 함께 시각적인 패턴이 동기화되어 관객이 몰입감을 느끼게 할 수 있다. 인공지능이 음악의 리듬이나 높낮이에 맞춰 실시간으로 패턴을 변형하거나 인공지능 음성을 끼워 넣는 등 총체적인 감각적 경험을 할 수 있도록 돕는다.

창작자가 실험 영화에서 창의적 표현의 한계를 확장하도록 하고, 기존의 영화적 규칙을 무너뜨려 새로운 예술적 가능성을 탐구하게 한다. 기술과 예술의 융합을 통해 독창적인 작품을 만들 수 있기 때문에, 인공지능 기술을 단순한 도구나 기계로 여기기보다 예술 창작을 위한 동반자로 생각해 새로운 차원의 작품을 창조해야 한다.

사례

사실 인공지능 환각은 최근 인공지능 기술이 발달하면서 현실과 가상의 경계가 무너져 생긴 현상으로, 사람들은 실제와 구분하기 어려운 발전된 가상 현실(VR) 기술 그리고 딥 러닝 기술에 노출된다. 현실과 유사한 가상 세계를 경험하고 새로운 시네마틱(cinematic)을 체험할 수 있게 됐다. 다양한 기술이 융합되어 구현된 인공지능 환각은 딥 러닝 알고리즘을 통한 가상 환경을 구축하고 사용자의 동작을 인식한다. 인공지능은 '자연어 처리 기술'을 통해 사용자와 상호 작용하는 콘텐츠를 제공하며, 사용자는 가상 세계 속 현실과 거의 구분할 수 없는 인공지능 환각을 경험해 볼 수 있다. 인공지능 환각은 비단 영화에만 국한된 것이 아니다. 의료 분야에서는 인공지능 환각을 활용한 의료 콘텐츠를 이용해 환자의 진단과 치료를 돕고, 교육 분야에서는 교육 콘텐츠의 현실감을 살리기 위해 인공지능 환각을 이용해 학습 효과를 높이기도 한다.

의료 분야에서는 '디지털 치료제'가 뜨는 추세다. 주의력 결핍 장애를 치료한다는 게임, 외상 후 스트레스 장애를 치료한다는 VR 영상 등 의료 치료에 디지털 분야가 활용되고 있다. 미국 식품의약국(FDA)은 2020년에 비디오 게임 〈엔데버알엑스(EndeavorRX)〉가 어린이 주의력 결핍 장애를 개선하는 데 효과가 있음을 승인했다. 그 밖에도 불면증에 적용 중인 페어(Pear)사의 솜리스트(Somryst), 알코올 중독에 오렉소(Orexo)사의 볼비다(Vorvida) 등이 디지털 치료제로 사용되고 있다.

서울와이즈요양병원의 김치원 원장은 표준 치료를 언급하며 "게임이나 명상 앱 등은 아직 치료 방법의 하나로 확립되어 있지 않기 때문에 의료계가 치료 분야로 받아들이기까지는 시간이 많이 필요할 것"이라고 말하며 "디지털 치료제도 그렇고 의료계의 인공지능 도입도 계속

수가 부분에서 문제가 될 것이며, 이 문제는 한국뿐만 아니라 전 세계가 마찬가지다. 의사와 비슷한 업무를 해서는 수가를 추가로 받기 어렵고 본격적인 치료 제품이 나오거나 의사들이 현재 보기 어려운 것을 인공지능이 찾아내는 수준이 되어야 시장이 제대로 열릴 수 있을 것"이라고 했다.

대표적인 인공지능 의사로는 아이비엠(IBM)의 왓슨(Watson)이 있다. 암 진료 부분에서 국내 대형 병원들이 왓슨을 사용한 적이 있다. 국내에서도 의료 부분 인공지능을 개발했는데, 바로 '닥터앤서(Dr.Answer)'다. 간단히 말해서 '무엇이든 대답해 주는 인공지능 의사'다. 닥터앤서는 의료 부분의 빅 데이터를 기반으로 의사 곁에서 환자를 진단하고 치료를 돕는 소프트웨어(SW) 기술이다. 의료진의 보조로서 실시간으로 영상을 분석해 빠진 부분이 없는지 확인하고, 발병 예측 및 정확도 상승 등의 부분에 큰 도움을 준다.

정보통신산업진흥원(NIPA)에 따르면, 닥터앤서는 뇌혈관 · 심장 질환, 유방암, 대장암, 전립선암, 치매, 뇌전증, 소아 희귀 유전 질환 등 총 8개의 질환을 다룬다. 서울아산병원, 서울대병원, 삼성서울병원 등 대학 한 곳을 포함한 26개 의료 기관에서 닥터앤서 사용에 참여하고 있으며 뷰노와 쓰리빌리언 등 22개 기업도 함께하고 있다. 닥터앤서는 21개의 소프트웨어 개발에 이용되었으며 7개는 의료 현장에 투입되었다. 뇌 영상의 수치를 자동으로 계산 후 도출하고 발달 장애의 유전적 변이에 대한 해석과 유방암 발생 위험도를 예측하는 등 활발하게 사용되고 있다. 또한 식품의약품안전처 의료 기기 인허가 4개를 받았으며 사우디아라비아와 아랍에미리트와 같은 세계 각국에 수출과 협력을 논의 중이다.

교육부는 '에듀테크와 인공지능 기술을 활용하여 교육 격차를 완화하고 맞춤 교육을 실현하기 위한 추진 방안'을 발표한 바 있다. 2025년까지 특정 교과목에 인공지능을 통한 디지털 교과서 도입을 계획하고 있다. 디지털 교과서 도입은 점차 교과목 범위를 확대할 예정이다. 인공지능이 가진 장점 중 하나인 맞춤형 개인화 제공 서비스를 교육에 적용해, 학생들 간의 공부 격차를 최소화하는 것을 목표로 한다. 더불어 개인 맞춤 학습을 통해 학생 개별 학습 스타일에 맞춰 진행하고 장애가 있는 학생들이나 다문화 학생들이 편하게 학습을 할 수 있도록 맞춤형 인공지능 서비스를 제공할 것이다. 교육부뿐만 아니라 과학기술정보통신부에서도 가상 현실, 증강 현실(AR), 가상 융합 기술(XR)을 통한 교육 콘텐츠를 주목하고 있다. 일명 '실감 교육 콘텐츠 체험 학교'에서는 XR을 활용한 교육을 진행한다. 이전에는 느끼기 힘들었던 입체감과 상호 작용 콘텐츠로 인해 학생들이 학교에서 교과 수업에 몰입하여 이해를 쉽게 하게 되었으며 미래에 대한 탐색도 가능하게 되었다.

시공간의 한계에 매이지 않고 언제 어디서나 교육을 진행할 수 있다는 장점을 이용해, 특히 체육 분야 교육에서는 체감형 스포츠 게임을 도입하고자 한다. 3차원 그래픽을 사용해 가상의 공간을 만들어 내는 VR 기술을 통해 스포츠를 즐길 수 있는 환경을 구현해 학생들이 그 공간에서 자유롭게 스포츠 활동을 할 수 있게 한다. 학생들의 체감 데이터와 동작, 그리고 다중 접속 감지 및 분석 시스템 등 다양한 인공지능 기술을 통해 학생들이 체육 활동을 즐길 수 있도록 한다.

사회에서 기술력이 발전해 가면서 교육도 이에 발맞춰 간다. 교육 방식의 혁신과 발전은 이내 미래의 인재를 발굴하고 양성하는 길이 될 것이다.

참고문헌

교육부(2023.2). 모두를 위한 맞춤 교육의 실현, 디지털 기반 교육혁신 방안.

김상민(2023). 환각 생성과 창의성 추출의 자동화된 기계: 생성형 인공지능 뒤집어 보기. ≪문화과학≫, 114호, 39-56쪽. 문화과학사.

김치원(2020). 『디지털 헬스케어는 어떻게 비즈니스가 되는가』. 클라우드나인.

김형주(2023). '인공지능 환각' 환각. ≪철학 · 사상 · 문화≫, 131-154쪽, 동국대학교 동서사상연구소.

김희영(2018). 예술에서 살펴본 인공지능의 미래 산업화 가능성 - 영화와 인공지능 예술을 중심으로. ≪만화애니메이션연구≫, no.50, 423-452쪽, 한국만화애니메이션학회.

네오퍼스트(2023.4.28). 인공지능 VFX 혁신, "영화 제작의 새로운 시대의 여명". 인공지능 활용 연구소 인공지능UI, https://neo-platform.tistory.com/54

신찬옥(2021). 디즈니 애니메이션이 치료제?-AI · VR로 진화하는 디지털 헬스케어 우울증, 암, 만성질환 관리까지. ≪매경럭스맨≫, vol.124, 148-151쪽. 매일경제신문사.

오준호(2017). 이색적인 문화영화: 유현목과 시네포엠(1964-66)의 실험영화 개념에 관한 제안. ≪영화연구≫, 101-134쪽, 한국영화학회.

이선주(2018). 〈영화예술〉의 뉴 시네마(New Cinema) 담론들-1960년대 영화비평의 전문화와 영화학의 제도화. ≪대중서사연구≫, 24(3), 41-82쪽, 대중서사학회.

전병원(2021). AI 영화영상콘텐츠를 위한 AI 예술 창작 사례연구. 국제문화기술진흥원.

전병원(2024). 인공지능(AI) 시네마(Cinema) 연구-도상학, 기호학, 영화기호학 이론을 적용한 인공지능 시네마 창작방법론 연구 필요성. ≪한국예술연구≫, 44호, 53-76쪽, 한국예술종합학교 한국예술연구소,

http://dx.doi.org/10.20976/kjas.2024..44.003
정인선(2024). 생성형 인공지능을 이용한 영화제작과 그 미학적 가능성. ≪프리뷰≫, 21(1), 한국디지털영상학회.
주성범(2023). 가상 현실(VR)과 인공지능(인공지능)을 활용한 스마트 수업 적용방안 탐색연구-2022 개정 초등 체육교과 스포츠 영역을 중심으로. ≪초등교육연구≫, 38(3), 261-274쪽, 부산교육대학교 미래교육원.
AWS. 대규모 언어 모델(LLM)이란 무엇인가요?, https://aws.amazon.com/ko/what-is/large-language-model/

09
시네포엠

시네포엠은 영화와 공연이 결합된 형태로 관객들에게 신선한 예술적 경험을 제공한다. 영화의 시각적 · 음향적 요소와 최신 기술이 합쳐져 몰입감을 극대화한다. 시네포엠은 최근 AI 기술과 접목하여 실험 영화와 AI 환각 효과로 예술과 기술의 경계를 확장하고 있다.

AI와 화장품?

시네포엠과 환각적 시네마틱 경험

시네마와 현장 공연을 결합한 시네포엠(ciné-poème)은 하나의 예술 공간으로 환각적인 시네마틱(cinematic) 경험을 제공한다. 시네마틱 요소와 환각적인 시각 경험이 결합한 시네포엠이란 공간은 관객들이 영상을 접할 때 감각적이고 독특한 경험을 할 수 있도록 한다. 1963년 제7회 샌프란시스코 국제 영화제에 참석하고 돌아온 유현목이 단편 영화의 혁신적이고 급진적인 제작을 목표로 시네포엠을 제시했다. 1964년 1월 18일에 유현목은 시네포엠 동인을 설립했고, 회원은 32명이었다.

시네포엠은 몇 가지 특징이 있다. 먼저, 영화와 현장 공연의 결합이라는 점이다. 공연의 현장성과 영화를 융합한 시네포엠은 하나의 예술 공간으로서 시네마틱한 특성과 공연의 생동감을 모두 가진다.

둘째, 시네포엠 공간에서는 시네마틱 경험을 다층적으로 느낄 수 있다. 영화의 시각적 요소와 음향적 요소를 통해 관객이 몰입감을 느끼고 감정적으로 연결될 수 있도록 한다.

셋째, 시네포엠이 제공하는 중요한 특징 중 하나인 환각적인 시각 경험이다. 다양한 시각적 기술과 효과를 사용해 관객은 마치 환상적인 세상에 온 듯한 경험을 할 수 있다.

넷째, 예술과 기술의 융합을 강조한다는 것이다. 시네포엠은 예술의 영역에서 최신의 기술을 활용하면서 더욱 매력 있는 시네마틱한 경험을 만든다. 훌륭한 기술력과 예술적 가치를 함께 강조한다.

마지막으로, 시네포엠은 다양한 아티스트의 작품을 지원하고 발표할 수 있도록 돕는다. 아티스트가 활발한 활동을 할 수 있도록 예술적 탐구를 장려한다.

시네포엠의 대표적 특징인 시각적 효과는 관객들이 독특한 시네마틱 경험을 할 수 있게 한다. 시네포엠은 영화의 장면을 현실적이고 감각적으로 재현한다. 몰입을 위한 장면을 작품 속에 녹아내 관객이 새로운 감각을 느끼게 한다. 또한 최신 음향 기술을 사용해 음향적 요소를 강조하여 현장 공연의 생동감을 영화에 반영한다. 관객들도 시네포엠을 통해 영화의 흐름을 조절하거나 이야기에 참여하며 인터랙티브한 요소를 제공한다. 시네포엠은 오늘날, 관객들에게 새로운 시네마틱 경험을 제공하는 동시에 예술과 기술의 융합을 강조한다. 이는 예술과 기술이 상호 작용해 새로운 예술 경험을 창출하는 데 기여하도록 중요한 역할을 한다.

시네포엠 연구에서는 다음 3가지 문제가 필연적으로

발생한다고 알려져 있다. 먼저, 샌프란시스코 국제 영화제가 시네포엠을 만드는 것에 어떤 영향을 미쳤으며 실험 영화라고 생각했던 것은 어떤 것이었는지에 대한 부분이다. 두 번째로는 시네포엠이 일제 식민지 시절부터 1960년에 이르러 형성된 방식과 전파한 방식이 무엇이었는지에 대한 부분이다. 어쩌면 이 부분은 시네포엠이 목표했던 미학적 부분을 밝히는 탐색이라고 볼 수 있다. 세 번째는 1960년대 한국 사회에서 시네포엠이 가진 성격과 장애물에 대해 알아봐야 한다는 점이다. 사실상 시네포엠이라고 하면, 유현목이 창시했다는 부분 외에는 정확하게 알려진 것이 없다.

인공지능 환각과 실험 영화의 예시

시네포엠은 전통적인 영화 서사 구조에서 벗어나 예술적이고 혁신적인 요소를 가지고 있으며, 관객들에게 영화를 보는 시각의 큰 변화를 제공한다. 즉, 이야기를 재구성하는 등의 다양한 방법을 시도하며 관객들이 영화에서 신선함과 독특함을 느끼도록 만드는 것이다. 인공지능이 날이 갈수록 발전하면서 활용도가 커지고 있다. 그리고 그 속에는 대형 언어 모델(large language model: LLM)이 있다. 대형 언어 모델은 신경망 세트로서 많은 양의 데이터를 사전 학습한 딥 러닝이다. 인코더(encoder)와 디코더(decoder)로 구성되어 있으며 어떤 텍스트에서 의미를 분석하고 단어와 구문의 관계를 파악하는데, 이 데이터를 트랜스포머(transformer) 자체로 학습한다. 순환 신경망(recurrent neural network: RNN)이 가졌던 순차적 일 처리와 다르게 병렬의 형식을 가져 GPU 사용의 대형 언어 모델을 학습할 수 있다.

대형 언어 모델이 실용적으로 활용되는 분야가 있다. 가장 먼저, 카피라이팅(copywriting)이다. 대표적으로 챗지피티를 들 수 있다. 에이아이21 워드스파이스(AI21 Wordspice)에서는 원본의 문장을 변경하며 가지고 있는 것을 더욱 발전시키고 음성 향상에 도움을 준다. 다음으로는 지식을 바탕으로 한 답변에 쓰인다. 일명 지식 집약적 자연어 처리(KI-NLP)를 통해 디지털 아카이브 정보에 있는 도움말로 질문에 답변할 수 있다. 대규모 언어 모델은 텍스트를 분류하는 것에 응용된다. 의미와 감정에 비슷한 결이 있는 텍스트를 분류하고 고객들의 감정을 측정하거나 문장 간의 관계성 등을 파악 및 검색하는 것에 주로 사용된다. 텍스트를 분류하는 것뿐만 아니라 텍스트를 생성하여 불완전한 문장들을 짧게나마 수정·보완할 수 있다. 대규모 언어 모델은 자연어 프롬프트에서 코드를 만드는 것에 최적화되어 있기도 하다.

인공지능 시대를 살아가는 우리는 인공지능이 가진 영향력을 몸소 느낄 때가 많다. 인공지능의 의미를 연구하는 학자 케이트 크로퍼드(Kate Crawford)는 '생성적 전회(generative turn: 주어진 데이터나 기존 지식을 단순히 분석하고 이해하는 것을 넘어 새로운 개념, 이론, 또는 콘텐츠를 생성하는 방식으로 학문적 패러다임이 변화하는 과정)'를 경험한다고 일컫기도 했다. 생성형 인공지능이 가진 혁신적인 아이디어와 실험적인 영상은 이미 우리의 삶에 가까워졌다는 이야기다. 현재도 인공지능을 통한 영화 공모전이 활발히 진행되는 상황이다. 창의적인 무언가를 통해 환각을 일으키는 것은 인공지능 그 자체로만 할 수 있는 것은 아니다. 인간과 인공지능이 관계를 맺고 있는 것이 아닐지 생각해 볼 필요가 있다. 그리고 환각이 가진 불확실함, 왜곡, 허위성 등 심심찮게 발생하는 문제에 대해서 과연 그것이 예술이고 창의적인 것인가를 고민할 필요가 있다.

인공지능이 가진 허점과 오류가 오히려 새로움을 가져다주는 인공지능 환각이 된다. 인공지능이 불완전하기에 실험적인 영화를 도전할 수 있다는 부분이 참으로 아이러니하게 느껴지기도 한다. 그러나 동시에 우리 인간이 만들었던 콘텐츠들을 기반으로 한 데이터에 마치 환각에 걸린 것처럼 인공지능이 독특하고 참신한 무언가를 창조해 냈다고 생각하는 것은 아닌가 하는 의문도 들게 한다.

그렇다면 과연 허점 속에서 창의적인 예술을 창조해 내는 인공지능 환각과 실험 영화에는 어떤 것이 있으며 어떻게 탄생하게 된 것일까? 인공지능 기술을 사용해 현실과 가상의 경계를 모호하게 하는 인공지능 환각 실험 영화는 전통적인 서사 구조와 시각적 스타일에서 벗어난 새로운 시네마틱 경험을 제공한다. 관객들은 새로운 자극 속에서 다양한 감정을 가질 수 있으며 가상 세계 속에서 현실의 경계가 무너지는 경험을 한다.

인공지능 환각을 이용한 하나의 실험 영화가 있다. 바로, 영화 〈존 아웃(Zone Out)〉이다. 인공지능 환각을 사용해 현실과 가상의 경계가 모호하게 표현된 영화 〈존 아웃〉은 관객들이 영화 속 주인공이 되는 느낌을 주어, 인공지능이 생성한 가상 세계를 탐험할 수 있도록 한다. 영화 〈존 아웃〉에서는 점점 현실과의 경계가 희미해지는 현상을 체험할 수 있어 그 경계에 대한 깊이 있는 탐구를 이행할 수 있고, 새로운 시네마틱 경험을 할 수 있다.

참고문헌

김상민(2023). 환각 생성과 창의성 추출의 자동화된 기계: 생성형 인공지능 뒤집어 보기. ≪문화과학≫, 114호, 39-56쪽. 문화과학사.

김형주(2023). '인공지능 환각' 환각. ≪철학 · 사상 · 문화≫, 131-154쪽, 동국대학교 동서사상연구소.

김희영(2018). 예술에서 살펴본 인공지능의 미래 산업화 가능성 – 영화와 인공지능 예술을 중심으로. ≪만화애니메이션연구≫, no.50, 423-452쪽, 한국만화애니메이션학회.

네오퍼스트(2023.4.28). 인공지능 VFX 혁신, "영화 제작의 새로운 시대의 여명". 인공지능 활용 연구소 인공지능UI, https://neo-platform.tistory.com/54

신찬옥(2021). 디즈니 애니메이션이 치료제?-AI · VR로 진화하는 디지털 헬스케어 우울증, 암, 만성질환 관리까지. ≪매경럭스맨≫, vol.124, 148-151쪽. 매일경제신문사.

오준호(2017). 이색적인 문화영화: 유현목과 시네포엠(1964-66)의 실험영화 개념에 관한 제안. ≪영화연구≫, 101-134쪽, 한국영화학회.

이선주(2018). 〈영화예술〉의 뉴 시네마(New Cinema) 담론들-1960년대 영화비평의 전문화와 영화학의 제도화. ≪대중서사연구≫, 24(3), 41-82쪽, 대중서사학회.

전병원(2021). AI 영화영상콘텐츠를 위한 AI 예술 창작 사례연구. 국제문화기술진흥원.

전병원(2024). 인공지능(AI) 시네마(Cinema) 연구-도상학, 기호학, 영화기호학 이론을 적용한 인공지능 시네마 창작방법론 연구 필요성. ≪한국예술연구≫, 44호, 53-76쪽, 한국예술종합학교 한국예술연구소,

http://dx.doi.org/10.20976/kjas.2024..44.003
정인선(2024). 생성형 인공지능을 이용한 영화제작과 그 미학적 가능성. ≪프리뷰≫, 21(1), 한국디지털영상학회.
주성범(2023). 가상 현실(VR)과 인공지능(인공지능)을 활용한 스마트 수업 적용방안 탐색연구-2022 개정 초등 체육교과 스포츠 영역을 중심으로. ≪초등교육연구≫, 38(3), 261-274쪽, 부산교육대학교 미래교육원.
AWS. 대규모 언어 모델(LLM)이란 무엇인가요?, https://aws.amazon.com/ko/what-is/large-language-model/

10
AI 환각과 영화 산업의 전망

영화 산업은 계속해서 변화하고 있다. 그리고 그 속에서 다양한 트렌드가 생겨나므로 뒤처지지 않기 위해서는 이 트렌드를 주목해야 한다. 특히 인공지능 기술이 영화 제작 부분에서도, 감상 부분에서도 도움을 주고 있다. 인공지능과 더불어 발전하는 영화 산업의 양상을 살펴볼 필요가 있다.

종교와 AI?

인공지능과 영화 산업의 미래

인공지능 환각과 실험 영화의 만남은 기술과 예술의 화합이다. 윌리엄 깁슨의 책 『뉴로맨서』에서는 인공지능을 "모든 국가에서 수십억의 합법적인 운영자들과 수학적 개념을 배운 아이들이 매일 경험하는 합의된 환각이며 인간 시스템의 모든 컴퓨터 뱅크에서 추출된 데이터 그래픽의 재현"이라고 한다. 가상의 공간을 우리는 합의 아래 받아들이면서 그 속으로 들어가는 체험을 하는 것이다. 사실상 인공지능이 가진 환각이 인공지능이 가진 오류와 실수를 넘어서 창의성으로 다가가 하나의 실험적 영화를 만든 것이다. 완전하지 않은 생성형 인공지능이 오히려 발상의 전환으로 우리에게 '독특함'으로 다가온다면, 이것 역시 인공지능이 가진 창의성이 아닐까? 예술이 가진 창의성과 기술력이 만나 독특하면서도 신기한 시각적 혁명과 감정의 경험을 제공한다. 새로운 창의성을 발휘하는 것, 이것은 예술과 기술의 상호 작용을 통해 미래의 예술 경험 혁신에 아주 중요한 열쇠가 될 것이다.

환각을 활용하기

영상 제작자로서 인공지능 환각을 다루기 위해서는 인

공지능이 제공하는 새로운 가능성에 대한 편견을 버려야 할 필요가 있다. 그러면서 동시에 무분별한 사용이 아니라 명확한 의도를 가지고 신중하게 접근해야 한다. 영상 제작자가 인공지능 환각의 본질과 한계에 대해 정확히 인식하고 사용해야 기술이 가지고 있는 잠재력을 충분히 끌어올리고 쓸데없는 남용을 줄일 수 있다. 즉, 단순한 기술적 도구가 아닌 창의적 영감을 줄 수 있는 보조적 도구로 접근해야 한다. 인공지능 환각이 제공하는 창의적 잠재력에 대해 열린 태도로 접근해 관객에게 전달하고자 하는 감정과 메시지를 인공지능이 확장된 시각적 언어로 표현할 수 있도록 요구해야 한다. 그로 인해 우리는 현실과 꿈 그리고 무의식을 넘나들며 경계를 허무는 새로운 스타일 속에서 작품 내에서 상징을 만들어 전달하고자 하는 의도를 예술적이고 특별하게 선사할 수 있다. 관객들이 인공지능 환각이 주는 몽환적인 신선함에 매료되어 심리적으로 더 깊게 몰입할 수 있다는 가능성에 대해서도 알고 있어야 한다. 인공지능 환각은 창의적인 영상 제작에 분명 이점이 있기 때문에 영상 제작자가 독특한 실험 영화를 만들 때나, 상징을 영상에 넣고 싶을 때 활용할 수 있다. 하지만 이때 영상 제작자는 전략적이고 신중하게 계산해 활용할 필요가 있다. 인공지능 환각은 시청각적으로 이미 강렬함을 가지고 있기 때문에 작품 전체에 넘치게 사용하면, 영상이 가지고 있는 본질적인 의미와 내용이 혼란스러워질 수 있다. 영상 제작자는 특정 장면을 강조하거나 의도적으로 왜곡된 현상을 나타내고 싶을 때 선택적으로 적재적소에만 사용하는 판단력을 가져야 한다. 아무래도 인공지능 환각은 본질적으로 기계적인 알고리즘을 기반으로 하기 때문에 작품 속에 있는 인간적인 요소와 어울릴 수 있도록 조율하는 능력이 중요하다. 비현실적인 이미지가 작품에서 어색한 부분으로 튀지 않도록 인간적인 감성적 표현과 결합해 예술적인 일관성을 유지해야 한다. 인공지능 환각이 스토리의 흐름과 정서적인 감정 교류에서 특별한 충돌 없이 자연스럽게 연결되도록 맥락을 정확히 이해 가능하도록 설정하는 것이 필요하다. 스토리텔링의 일부분으로 기능할 수 있는 조화가 필요하다. 그리고 감정적인 메시지가 확실하게 전달되어 관객이 직접적인 감정적 반응을 나타내도록 하는 도구로 사용해야 한다. 환각적 표현으로 주인공이 겪는 내면의 갈등과 불안, 공포 등을 효과적으로 전달하여 관객이 감독의 감정적 목표에 공감할 수 있도록 사용하는 것이 중요하다.

결론적으로 인공지능 환각을 활용한 실험 영화는 창

의적인 실험과 기술적 혁신의 결합을 통한 새로운 예술적 가능성을 탐구하는 중요한 분야다. 실험 영화는 인공지능 환각이 낼 수 있는 비현실성에 기반한 초현실적 이미지를 구축하고, 틀에서 벗어난 내러티브와 시각적 왜곡성 그리고 관객들의 감각을 극대화하여 자극할 수 있어 독창적인 경험을 하게 한다. 하지만 기술적으로 과도하게 의존하거나 인공지능 환각이 가지는 오류를 통한 서사 구조를 그대로 활용하여 서사 구조가 약화될 수 있다는 취약점도 존재한다. 인공지능을 사용할 때는 모든 요소를 신중하게 다룰 필요가 있다.

인공지능 환각은 앞으로도 실험 영화의 창작 과정에서 매우 중요한 도구가 될 것이며, 예술가들에게 새로운 차원의 표현 방식을 제공할 것이다. 인공지능 환각을 이용하는 영상 제작자들은 기술적으로 충분한 이해와 예술적 감각을 가지고 영상에 인공지능을 활용하려는 태도를 유지해야 한다. 기술적인 메커니즘과 시각적 효과를 충분히 이해하고 작품의 주제와 정서 그리고 흐름을 해치지 않는 선에서 의도를 가지고 활용하는 것이 중요하다. 단순히 멋과 독특함을 위해 인공지능 환각을 사용하는 것이 아니라 영상의 맥락에 부합하도록 하는 예술적 수단이라는 점을 인식하고 사용해야 한다.

참고문헌

김상민(2023). 환각 생성과 창의성 추출의 자동화된 기계: 생성형 인공지능 뒤집어 보기. ≪문화과학≫, 114호, 39-56쪽. 문화과학사.

김형주(2023). '인공지능 환각' 환각. ≪철학 · 사상 · 문화≫, 131-154쪽, 동국대학교 동서사상연구소.

김희영(2018). 예술에서 살펴본 인공지능의 미래 산업화 가능성 – 영화와 인공지능 예술을 중심으로. ≪만화애니메이션연구≫, no.50, 423-452쪽, 한국만화애니메이션학회.

네오퍼스트(2023.4.28). 인공지능 VFX 혁신, "영화 제작의 새로운 시대의 여명". 인공지능 활용 연구소 인공지능UI, https://neo-platform.tistory.com/54

신찬옥(2021). 디즈니 애니메이션이 치료제?-AI · VR로 진화하는 디지털 헬스케어 우울증, 암, 만성질환 관리까지. ≪매경럭스맨≫, vol.124, 148-151쪽. 매일경제신문사.

오준호(2017). 이색적인 문화영화: 유현목과 시네포엠(1964-66)의 실험영화 개념에 관한 제안. ≪영화연구≫, 101-134쪽, 한국영화학회.

이선주(2018). 〈영화예술〉의 뉴 시네마(New Cinema) 담론들-1960년대 영화비평의 전문화와 영화학의 제도화. ≪대중서사연구≫, 24(3), 41-82쪽, 대중서사학회.

전병원(2021). AI 영화영상콘텐츠를 위한 AI 예술 창작 사례연구. 국제문화기술진흥원.

전병원(2024). 인공지능(AI) 시네마(Cinema) 연구-도상학, 기호학, 영화기호학 이론을 적용한 인공지능 시네마 창작방법론 연구 필요성. ≪한국예술연구≫, 44호, 53-76쪽, 한국예술종합학교 한국예술연구소,

http://dx.doi.org/10.20976/kjas.2024..44.003
정인선(2024). 생성형 인공지능을 이용한 영화제작과 그 미학적 가능성. ≪프리뷰≫, 21(1), 한국디지털영상학회.
주성범(2023). 가상 현실(VR)과 인공지능(인공지능)을 활용한 스마트 수업 적용방안 탐색연구-2022 개정 초등 체육교과 스포츠 영역을 중심으로. ≪초등교육연구≫, 38(3), 261-274쪽, 부산교육대학교 미래교육원.
AWS. 대규모 언어 모델(LLM)이란 무엇인가요?, https://aws.amazon.com/ko/what-is/large-language-model/

진승현

호서대학교 문화영상학부 영상미디어트랙 교수이자 중앙도서관 관장직을 맡고 있는 현직 영화감독이다. 동국대학교에서 영화 연출 제작으로 석·박사 학위를 받았다. (주)진진엔터테인먼트필름 대표이사로도 활동하고 있다(1991~). (주)TNT 프로덕션의 PD 및 제작 이사(1995~), 대한민국대학영화제 이사장 및 집행위원장이다(2008~). 영화진흥위원회 예술 영화인증위원(2015~2018), KTV 독립 영화관 자문위원 등을 역임했다(2018~2021). 현재 한국영상제작기술학회 회장(2024~), 한국예술교육학회 부회장 겸 편집위원장(2022~), 한국영화감독조합원(2013~)과 한국문화예술교육학회 회장(2017~), DMZ 국제다큐영화제 조직위원을 맡고 있다. MBC드라마제작국과 예능국에서 근무했으며 영화 〈7월 32일〉, 〈전주에서 길을 묻다〉, 〈어디로 갈까요〉 등 다수의 작품에서 감독으로 활동했다. 또한 "아바타를 중심으로 본 3D 영화산업의 기술 동향과 발전 방향에 관한 연구"(2010), "AI 기술을 활용한 영상 제작 교육과 현재와 미래 전망에 관한 연구"(2024), "버츄얼 제작시스템을 기반으로 한 영상 제작 교육의 환경과 발전 방안 연구"(2024), "미디어아트가 예술교육에 미치는 영향 연구"(2024) 등 다수의 영상 분야를 연구했다. 영화 〈진짜 사나이〉로 대한민국영상대전에서 작품상(2006)을, 광주국제영화제에서 관객상(2005)을 수상했다.